Charles Coquelin

Sociétés commerciales en France et en Angleterre

Essai

ISBN : 978-1973933311

10 9 8 7 6 5 4 3 2 1

Charles Coquelin

Sociétés commerciales en France et en Angleterre

Essai

Table de Matières

Section I

On a singulièrement abusé de ce grand mot, l'association. Il est devenu tour à tour le texte des plus extravagantes rêveries ou le fondement des plus audacieux calculs. Avant d'entrer dans le sujet particulier qui nous occupe, qu'on nous permette d'émettre, sur les tendances et l'utilité réelle de l'association, quelques considérations générales qui ne seront pas étrangères au but que nous nous proposons.

Il s'est formé de nos jours des écoles philosophiques qui ont eu la prétention de conduire l'humanité, par l'association, à des destinées inconnues. Est-il besoin de les nommer, quand les derniers échos de leurs paroles sonores retentissent encore autour de nous ? Que voulaient les chefs de ces écoles ? Améliorer l'ordre existant, purger de ses taches cette société humaine que le travail des temps a formée, continuer l'œuvre des générations passées en perfectionnant par degrés ses procédés et ses formes ? Tout cela ne suffisait point à l'ambition de ces docteurs. La société actuelle n'était pas assez régulière à leurs yeux ; elle n'était pas assez absolue, assez étroite ; elle laissait trop de place au libre arbitre de l'homme, et respectait trop l'action spontanée de l'individu. Ce qu'ils voulaient, c'était une société une, avec un seul centre et un seul chef, une société universelle par son étendue, universelle par son objet, où l'individualité humaine disparût dans le courant de l'action sociale, qui n'eût qu'une seule âme, un seul mobile, où l'homme ne connût aussi qu'un seul lieu, mais un lien tel qu'il l'étreignît pour ainsi dire tout entier. Voilà ce que demandaient ces prétendus apôtres de la sociabilité humaine. Est-ce là ce que l'avenir nous promet ? est-ce ainsi que le progrès doit s'accomplir ? Loin de là : l'étude du véritable caractère de l'homme et la connaissance des faits historiques nous montrent au contraire que, dans le cours naturel des choses, le lien social va chaque jour se fractionnant et se multipliant, que l'humanité, dans ses développements normaux, dans ses aspirations réelles vers le progrès, au lieu de ramener l'association à cette unité étroite et misérable, tend sans cesse à la diviser, à diversifier ses formes, à l'éparpiller en quelque sorte sur des objets chaque jour plus nombreux et plus variés.

Charles Coquelin

L'homme est un être sociable, dit-on, et sur ce fondement on veut qu'il s'absorbe tout entier dans une société unique, comme si ce penchant social qu'on lui attribue ne pouvait s'exercer que là. Oui, l'homme est un être sociable ; il l'est plus que nul être sensible : c'est là son attribut le plus distinctif et son plus noble apanage. Mais avec le sentiment de la sociabilité il nourrit en lui un besoin impérieux de liberté et d'une certaine spontanéité dans ses rapports. C'est d'ailleurs un être mobile et divers autant que sociable, et il se porte d'instinct vers un état de société mobile et divers comme sa nature elle-même. Au lieu donc de se lier une fois pour toutes, dans une société unique, par une chaîne lourde qui entraverait la liberté de ses allures, il doit se lier plutôt par des milliers de fils légers qui, en l'attachant de toutes parts à ses semblables, respectent pourtant le jeu de sa nature mobile. Voilà ce que la raison commande ; là est le progrès.

C'est du moins ainsi que le progrès se manifeste dans le passé, et tout prouve que c'est encore ainsi qu'il s'accomplira dans l'avenir. Pour se convaincre de cette vérité, il suffit de consulter l'histoire et de rapprocher les temps.

Quand on compare seulement aux temps modernes ceux de l'antiquité grecque et romaine, quelle différence ! Qui n'a remarqué souvent à combien d'égards le lien de la société politique est moins étroit de nos jours qu'il ne l'était chez les Grecs et les Romains ? Alors la cité ne se contentait pas de protéger ses membres, elle les enchaînait et les asservissait ; elle les appelait à elle sans cesse et à toute heure, elle dominait toute leur existence, elle occupait tous leurs instants. Et quels sacrifices ne se croyait-elle pas en droit de leur imposer ! Leurs biens, leurs vies, leurs travaux même, étaient à elle ; elle se les appropriait sans scrupule, aussitôt que la raison d'état avait parlé. Le citoyen étouffait l'homme, et le citoyen, ce n'était qu'une fraction vivante, une molécule de la cité. Peu ou point de privilèges individuels ; on ne connaissait pas alors ces droits de l'homme si solennellement proclamés dans notre âge, et justement consacrés par la législation de tous les peuples libres ; tous les droits individuels venaient s'éteindre dans le sentiment commun de la patrie. De liberté, il n'en existait point. Ce que les anciens nommaient liberté, c'était la participation à l'exercice de la souveraine puissance, et non point, comme l'entendent les peuples modernes, la jouissance paisible de tout ce qui est à soi, le développement sans entraves de toutes ses facultés, le plein et entier exercice de tous ses droits. En un mot, la cité était tout ; l'homme, l'individu, n'était rien. Au contraire, ce qui fait le caractère propre de la civilisation moderne, c'est la décroissance des privilèges de la cité et la réhabilitation de l'homme ; c'est le respect toujours plus grand de la personnalité humaine et des droits de l'individu. La liberté de la personne, celle des opinions, des croyances, de la propriété, de l'industrie, tant d'autres libertés encore, dont la communauté se jouait autrefois sans retenue et sans vergogne, sont devenues choses saintes et inviolables, même à l'encontre de la raison d'état. Et qu'on ne dise pas que ces différences tiennent à l'affaiblissement de quelques constitutions modernes : les peuples les mieux organisés, les plus solidement assis, les plus avancés dans toutes les voies de la civilisation, sont précisément ceux qui se distinguent par un abandon plus large des privilèges de la cité et un respect plus religieux des droits de l'homme.

Faut-il conclure de là que les modernes soient moins avant dans la vie sociale que ne l'étaient les Grecs et les Romains ? Ce serait nier dans l'homme ce même sentiment de sociabilité que l'on invoque. Non ; si la société politique a perdu quelque chose de ses privilèges exclusifs, c'est au profit d'une sociabilité plus haute. L'homme ne s'est pas servi de la liberté qu'il recouvrait pour retourner à l'indépendance primitive et à la vie sauvage ; il s'en est servi pour se créer dans d'autres directions, à la grande satisfaction de son être, des relations plus nombreuses, plus variées et plus fécondes. Combien l'industrie seule n'en a-t-elle pas formé ! combien nos sciences, nos arts et jusqu'à nos plaisirs ! Tout est devenu pour les modernes l'occasion de nouveaux rapports sociaux, inconnus des anciens, à tel point qu'il n'est plus aujourd'hui un seul acte important, une seule circonstance de la vie qui ne mette l'homme en contact avec l'homme. En même temps que les relations sociales se multipliaient, elles s'étendaient au loin ; car comment comparer cette sociabilité des anciens, circonscrite pour ainsi dire dans les murs de la cité, à celle des modernes, qui se communique de peuple à peuple avec une activité croissante, et va se répandant jusqu'aux bouts de l'univers ? Ainsi, à mesure que s'affaiblissait l'un des liens qui attachent l'homme à ses semblables, il s'en créait mille autres :

Charles Coquelin

liens formés pour la plupart spontanément.et qu'il peut rompre tour à tour ; liens mobiles, changeants, et qui n'en répondent que mieux à sa nature changeante et mobile ; liens dont aucun en particulier ne le fixe, et en cela conciliables avec la liberté, mais qui n'en forment pas moins par leur nombre une attache indestructible.

C'est ainsi qu'en étudiant attentivement, à l'aide des faits historiques, la marche de la civilisation à travers les siècles, on remarque dans les combinaisons de l'association un progrès semblable à celui qui se manifeste si visiblement dans les procédés de l'industrie. Dans l'enfance de l'industrie, le phénomène de la production est simple, en ce sens que toutes ses opérations se font en bloc, s'accomplissent dans le même lieu et par les mêmes mains. Un même homme arrache la matière première au sol qui la produit, la façonne au gré des besoins qu'elle doit satisfaire, et la livre toute préparée au consommateur qui la réclame. Plus tard, et à mesure que le progrès se manifeste, le travail se divise, les opérations se détachent les unes des autres ; chacun des actes de la production s'accomplit séparément et par autant de mains. Plus l'industrie se perfectionne, plus cette division s'étend, à tel point qu'une division du travail poussée à ses dernières limites est le caractère le plus distinctif d'une industrie avancée. Il en est ainsi de l'association. Dans les temps barbares, elle est simple, elle est une : tout ce que l'homme a d'aptitude sociale s'exerce dans un cercle unique, qui est d'abord celui de la famille, et bientôt celui de la société politique. Mais plus tard, au lieu d'un cercle unique il s'en forme plusieurs, entre lesquels la vie de l'homme se partage ; plus on avance, plus les cercles se multiplient en se spécialisant dans leur objet. Et comme dans l'industrie la division des travaux et leur spécialisation croissante tendent à augmenter de jour en jour leur, puissance productive, de même, à mesure que l'association se divise, la vie sociale gagne en étendue, en profondeur et en intensité.

Laissons donc ces vaines doctrines qui, sous prétexte de favoriser le progrès de la sociabilité humaine, voudraient nous assujettir aux lois absolues d'une société unique. Doctrines mensongères, trop longtemps et trop favorablement écoutées ! Elles ne sont pas même des utopies, comme les appellent quelquefois ceux qui les combattent, mais des erreurs grossières, fondées sur une fausse intelligence des besoins et des instincts de l'homme. Loin de pousser l'humanité dans les voies de l'avenir, elles ne tendraient qu'à la ramener vers son berceau. Disons hardiment, en nous fondant sur le raisonnement et l'expérience, que l'association, au lieu de marcher vers l'unité pétrifiante que l'on invoque, est conduite par l'irrésistible mouvement du progrès vers une décomposition croissante de ses éléments primitifs. Toute société trop absolue et trop étroite se relâchera ; toute société qui embrasse des objets divers se spécialisera, et le principe de l'association n'aura fait qu'y gagner en force et en étendue. La société politique elle-même, qui n'est, comme tant d'autres, qu'une des manifestations particulières de la vie sociale, tendra, comme elle l'a déjà fait, à se renfermer de plus en plus dans sa fonction spéciale, qui est de maintenir la justice ou de protéger le droit.

Appliquée avec mesure, et dans les limites des spécialités qui la comportent, l'association est un levier d'une grande puissance. C'est un principe d'une admirable fécondité que l'homme invoque à chaque pas dans sa lutte éternelle avec la nature. En réunissant les forces individuelles dans un foyer commun, l'association peut centupler leur puissance et l'élever au niveau des plus hautes conceptions. Dans l'industrie et le commerce en particulier, de combien d'heureuses applications n'est-elle pas susceptible ! Par elle, il n'est point d'entreprises inabordables à l'homme, point de travaux gigantesques qu'il ne puisse exécuter.

Il ne faut pas croire pourtant que, même dans les limites des spécialités et dans la sphère bornée des entreprises industrielles ou commerciales, l'association soit d'une application universelle. L'accroissement de puissance qu'elle engendre n'est pas absolu, mais relatif, et, s'il est vrai qu'elle centuple en certains cas les forces de l'homme, c'est en ce sens seulement qu'elle les réunit en masse sur un point donné quand la grandeur de l'objet l'exige. Autrement, loin qu'il y ait en pareil cas un accroissement absolu de puissance, il est certain que chacune des individualités réunies par l'association perd dans cette réunion même quelque chose de sa valeur propre. Quelle que soit donc l'utilité des sociétés dans certaines opérations de l'industrie et du commerce, entreprises individuelles conservent ailleurs tous leurs droits. Si les premières ont pour elles la puissance qu'engendre l'union des forces, les autres se soutiennent par l'énergie de l'intérêt privé. Elles ont pour elles l'avantage incalculable de l'activité dans les opérations, de l'économie dans les frais et de l'attention vigilante dans les détails. *Il n'est pour voir que l'œil du maître*, a dit La Fontaine ; or, l'œil du maître préside à toutes les opérations des particuliers ; il est absent dans les opérations des sociétés, au moins de celles qui sont instituées en grand, et il est difficile d'imaginer tous les préjudices que cette absence entraîne. Ajoutons que la vigilance d'un homme, son activité, son attention, ont des bornes, et que le directeur d'une grande entreprise, y fût-il aussi attaché qu'à une affaire personnelle, ne pourrait jamais porter sur tous les détails une attention aussi soutenue que si l'opération était renfermée dans de plus étroites limites. Aussi l'association ne doit-elle être adoptée, même dans le cercle des intérêts industriels et commerciaux, que lorsqu'il y a pour elle des motifs sérieux, des motifs déterminants, de préférence. Ces motifs, quels sont-ils ? Il serait difficile de les exposer tous. Bornons-nous à quelques indications générales.

Et d'abord, l'association est nécessaire, toutes les fois qu'une opération excède les facultés individuelles. Dans ce cas, l'intervention des particuliers étant impossible, il n'y a pas à choisir.

Lors même qu'une opération n'excède pas les forces des particuliers, il peut se faire qu'il y ait avantage à l'exécuter sur une grande échelle, soit parce qu'on peut alors recourir à l'emploi des machines trop coûteuses ou d'un trop grand produit pour des établissements médiocres, soit parce qu'on arrive, dans un vaste établissement, à obtenir, à l'aide d'une meilleure coordination du travail et d'une distribution plus régulière, une certaine économie dans les frais.

Il faut pourtant, dans les affaires de ce genre, se défier des apparences, se défier même des chiffres, et n'accueillir qu'avec réserve les calculs les plus précis. Il arrive souvent qu'on veut ramener dans le domaine des sociétés certaines opérations exécutées jusqu'alors avec bonheur par les particuliers, et pour donner la mesure des avantages que les premières ont sur les autres, c'est au calcul seul qu'on se rapporte. On suppute les dépenses des établissements particuliers ; on montre les faux frais, les non-valeurs, les doubles emplois, les pertes matérielles auxquelles leur exiguïté les expose ; on met en regard le compte des dépenses et des produits d'un établissement plus vaste fondé en société, et on arrive presque toujours à trouver en faveur de celui-ci des économies notables. Les

calculs sont précis, les déductions logiques, les résultats irrécusables. Cependant, quand on en vient à l'exécution, on voit avec étonnement que les établissements particuliers, menacés par cette redoutable concurrence, restent debout, supportant sans effort le poids de leurs faux frais et de leurs pertes, tandis qu'avec toutes leurs combinaisons économiques les sociétés se ruinent. C'est qu'il y a là des influences morales dont on oublie de tenir compte et qui déjouent tous les calculs. Les établissements particuliers se soutiennent par la vigilance et l'activité dans les chefs, par l'exactitude et la retenue dans les employés, par l'accord de toutes les parties et l'économie dans les détails ; les entreprises fondées en grand par les sociétés se perdent par tous les défauts contraires. Bientôt, à un premier élan d'activité dans les chefs succèdent l'indolence, et l'incurie ; ils se fatiguent d'ailleurs à suivre de l'œil des opérations trop vastes pour leur courte vue : à l'exemple des chefs, les employés se relâchent ; le défaut d'ensemble et de concert se manifeste ; le désordre gagne en se cachant sous une régularité apparente, et enfin le gaspillage achève ce que le désordre a commencé. C'est là l'histoire de bien des associations passées ou présentes ; c'est celle de la plupart des établissements publics qui peuvent, à cet égard, être considérés comme de grandes sociétés ; ce serait celle encore des institutions rêvées par nos différentes écoles sociétaires, s'il était jamais donné à ces institutions de se réaliser. Sans méconnaître donc les avantages que les associations peuvent offrir dans certains cas, même lorsqu'elles se mesurent avec les particuliers, il est permis de dire qu'ils ne sont ni aussi grands ni aussi généraux qu'on le suppose, et il ne faut pas oublier les inconvénients naturels qui les balancent.

Ces inconvénients s'atténuent beaucoup cependant, lorsque l'opération est de telle nature qu'elle puisse être assujettie à une marche régulière et stable, où le travail soit uniforme et réglé, où chaque jour ramène à peu de chose près le mouvement de la veille, et où chaque employé trouve sa besogne tracée d'avance. C'est ce qui a lieu surtout là où tout se réduit presque à un travail de comptabilité, comme, par exemple, dans les maisons d'assurance et de banque.

L'association est encore applicable aux établissements qui exigent, comme les banques, un large développement du crédit, parce qu'une société puissante inspirera toujours plus de confiance qu'un particulier, quel qu'il soit. Il en est de même pour les opérations dans lesquelles il y an des risques à garantir, soit parce qu'en général les risques peuvent, lorsqu'ils sont pris sur une large échelle, se mesurer suivant le calcul des probabilités, et cessent ainsi de présenter des dangers réels, soit parce qu'il convient mieux à des associations qu'à des particuliers d'aventurer leurs fonds, les premières répartissant la perte, s'il y en a, sur un grand nombre d'individus, tandis qu'elle serait écrasante pour les autres.

C'est enfin aux associations qu'il appartient de tenter certaines opérations aventureuses qui peuvent offrir des chances brillantes, mais trop incertaines pour les particuliers. Veut-on hasarder, par exemple, une expédition lointaine dans un pays nouveau et mal connu, une société à laquelle chacun des membres n'aurait apporté qu'une faible portion de son avoir pourra le faire avec convenance pour elle-même et grand profit pour le pays.

Des associations se sont formées, tant en Angleterre qu'aux États-Unis, pour les entreprises les plus hasardées comme les plus gigantesques. Sans compter les immenses travaux de communication intérieure qu'elles ont exécutés, elles ont entrepris de fonder des colonies lointaines, de créer des villes dans les déserts, d'exploiter des régions inconnues. Il n'est point d'idée si hardie, pourvu qu'elle offrît la perspective plus ou moins éloignée de quelques résultats brillants, dont elles n'aient tenté la réalisation. De tout cela, il est sorti quelquefois des mécomptes, des désastres partiels, et même, si l'on veut, des perturbations commerciales, quoique ces dernières dérivent bien plus souvent des erreurs de la politique que des fausses spéculations du commerce on ne tente pas les hasards sans s'exposer à des revers ; mais aussi, quel essor donné à l'industrie générale ! que de voies nouvelles ouvertes à son activité ! Comme la sphère commerciale s'est agrandie, et, malgré quelques pertes partielles, quel accroissement final de richesse pour les deux peuples ! Si plusieurs de ces sociétés sont tombées après avoir éprouvé des désastres, beaucoup d'autres ont survécu pour faire à la fois la force et l'orgueil de leur pays, et sur les ruines même de celles qui Ont succombé se sont ouverts des chemins nouveaux où les particuliers se sont précipités avec ardeur.

Section II

Dans aucun temps, le principe de l'association n'a été largement appliqué en France. Soit avant, soit depuis la révolution, on n'y trouve guère qu'un certain nombre de ces sociétés chétives que le niveau commun atteint, peu ou point de ces puissants concours de capitaux ou d'hommes qui mettent le commerce d'un pays à la hauteur des grandes entreprises. Bien des gens s'en prennent au génie du peuple français, peu propre, dit-on, à se prêter aux combinaisons de l'association commerciale. Sans nous arrêter à cette explication, qui nous paraît prématurée, nous essaierons de montrer que la cause du mal est toute dans la loi qui régit nos sociétés.

On a lieu de croire que les sociétés commerciales ont été, en France, abandonnées à elles-mêmes jusqu'en 1673, époque où on jugea à propos de les soumettre à un régime fixe. L'ordonnance qui parut alors reconnut deux espèces de sociétés, la société en nom collectif et la société en commandite, qui furent conçues et réglées à peu près de la même manière qu'elles le sont aujourd'hui. A côté de ces deux espèces de sociétés, régulièrement organisées, il s'en établit d'autres, irrégulières et libres, mais passagères de leur nature, généralement formées pour une opération unique, et dont pour cette raison la loi ne crut pas devoir s'occuper : ce sont celles que nous appelons aujourd'hui *sociétés en participation* ; on les désignait alors sous le nom général de *sociétés anonymes*.

Ce système, comme on le voit, ne laissait aucune place pour l'association en grand, car ni l'une ni l'autre des deux formes reconnues par la loi ne comportait une application bien large, d'autant mieux que la commandite n'admettait pas alors la division du capital en actions, qui n'a été autorisée que dans la suite. Quant aux sociétés qu'on appelait alors anonymes, elles n'avaient en général ni lien ni consistance, n'étant faites la plupart que pour durer un jour. Aussi, sous ce régime, la grande association, l'association par actions, la seule féconde et large, fut-elle à peu près inconnue. On n'en voyait d'exemples que dans quelques établissements spécialement autorisés par le gouvernement ou même institués par lui, comme la compagnie des Indes, la banque de Law, et quelques autres du même genre : compagnies organisées en vertu d'un privilège spécial, et qui étaient moins des établissements commerciaux que des institutions publiques.

Au sortir de la révolution, à la faveur du désordre administratif, les sociétés commerciales s'émancipèrent. Ce fut alors que l'usage introduisit dans la société en commandite le système des actions qui en élargissait le cadre. Dans le même temps, on vit surgir une société d'une nouvelle espèce, à laquelle l'ancienne société anonyme, grâce à la tolérance dont elle jouissait, servit, à ce qu'il semble, de fondement ou de prétexte, quoiqu'elle en différât beaucoup. Cette nouvelle société, plus grande, plus large, plus féconde qu'aucune de celles qui existaient auparavant, se glissa dans le monde commercial sous un nom emprunté et s'y propagea sans aucune sanction légale ; mais, malgré les désordres inséparables de sa situation anormale et précaire, elle ne tarda pas à y jouer le rôle que sa belle constitution lui réservait. C'est celle que nous connaissons aujourd'hui sous le nom de *société anonyme*.

Lors de la rédaction des codes, en 1807, on revint à l'ancienne législation, qu'on adopta dans ses bases essentielles ; mais on y introduisit quelques-unes des innovations que l'usage venait de consacrer. C'est ainsi que la société en commandite conserva le privilège qu'elle s'était attribué, de diviser son capital en actions, et la nouvelle société anonyme, qui n'existait encore que par une sorte de tolérance administrative, reçut la sanction légale ; toutefois, cette sanction ne lui fut pas donnée sans réserve, et, par un sentiment de défiance, on la soumit à l'obligation d'une autorisation préalable. Quant à l'ancienne société anonyme, cette association éphémère que la loi n'avait jamais entrepris de régler, elle conserva les mêmes privilèges en changeant de nom ; ou l'appela dans la loi nouvelle *société en participation*, nom autrefois réservé à l'une de ses branches.

Cette loi de 1807 a subsisté sans altération jusqu'à nos jours : c'est dans ses dispositions et ses tendances qu'il faut chercher la cause de l'état de torpeur où l'association languit parmi nous, aussi bien que des abus et des scandales qui ont suivi ses trop rares applications. — On peut la résumer ainsi : la loi reconnaît trois espèces de sociétés commerciales, la société en nom collectif, la société en commandite, et la société anonyme.

Dans la société en nom collectif, tous les associés doivent être nominalement désignés dans un acte rendu public, et leurs noms peuvent seuls faire partie de la raison sociale. Ils sont d'ailleurs unis par les liens d'une étroite solidarité, chacun étant indéfiniment responsable, sur sa personne et sur ses biens, de tous les engagements contractés par la société, et les engagements sociaux pouvant être contractés par chacun d'eux, pourvu qu'il ait signé sous la raison sociale.

La société en commandite se contracte entre un ou plusieurs associés responsables et solidaires, et un ou plusieurs associés simples bailleurs de fonds, que l'on nomme commanditaires ou associés en commandite. Les noms des associés responsables et solidaires figurent seuls dans l'acte de société, et seuls aussi peuvent faire partie de la raison sociale. La gestion leur est exclusivement réservée. Par rapport à eux, la société entraîne tous les effets de la société en nom collectif ; quant aux associés commanditaires, ils ne sont passibles des pertes que jusqu'à concurrence des fonds qu'ils ont mis ou dû mettre dans la société.

La société anonyme n'existe point sous une raison sociale ; elle n'est désignée sous le nom d'aucun des associés ; elle est qualifiée par la désignation de l'objet de l'entreprise. Tous les associés indistinctement y jouissent de l'avantage de n'être engagés que jusqu'à concurrence de leur mise convenue. Elle est administrée par des mandataires à temps, révocables, associés ou non associés, salariés ou gratuits, qui ne contractent, à raison de leur gestion, aucune obligation personnelle ni solidaire relativement aux engagements de la société, et qui ne sont responsables que de l'exécution du mandat qu'ils ont reçu.

C'est ainsi et à peu près dans ces termes que le code règle l'association commerciale. Dans cette analyse sommaire, nous omettons à dessein certaines dispositions qui complètent le système, mais qui ne semblent pas fondamentales.

En interprétant ces dispositions générales et en les éclairant de ce qui se passe dans la pratique, on peut voir que la société en nom collectif est à la fois une association de capitaux et de personnes, et même, s'il est possible, quelque chose de plus. C'est l'expression, sinon la plus rationnelle, comme on l'a dit, au moins la plus absolue de l'association commerciale. Ce qui la rend telle, c'est moins la responsabilité solidaire encourue par ses membres que l'obligation qui leur est imposée d'unir leurs noms dans une publicité commune. La société anonyme, qui semble placée à l'autre extrémité de l'échelle, nous offre au contraire l'image d'une simple association de capitaux. Tout ce qui est de l'homme s'efface, les associés n'intervenant personnellement que pour nommer leurs mandataires, et se faire rendre compte, à certains intervalles, de l'emploi de leurs fonds. Quant à la commandite, on peut la regarder, si l'on veut, comme une société mixte, en observant toutefois que la position des commanditaires est fort différente de celle des membres de la société anonyme, puisque ceux-ci, en se réservant le droit de révoquer et de remplacer les directeurs, demeurent les vrais dépositaires de l'autorité suprême, tandis que les autres, une fois leurs fonds versés, abdiquent toute autorité, toute influence, et s'effacent en quelque sorte derrière les associés gérants.

Quand on considère dans son ensemble le système dont on vient de voir l'exposé, on ne peut s'empêcher d'être frappé de l'esprit restrictif qui le domine et qui se révèle d'ailleurs dans ces seuls mots : *La loi reconnaît trois espèces de sociétés commerciales.* L'association n'étant qu'un acte naturel, il semble qu'elle doive être spontanément réglée entre les parties contractantes avec des formes et des conditions librement déterminées par elles, suivant leurs intérêts et leurs besoins. Nous voyons au contraire que la loi se substitue, à certains égards, aux contractants : elle empiète sur leur libre arbitre pour leur dicter le mode d'association, en ne leur laissant que le choir entre les trois formes particulièrement déterminées par elle. Elle fait plus encore en imposant à chacune des formes qu'elle spécifie des règles étroites et rigoureuses, qui ne permettent pas même d'en modifier l'application selon les cas.

Est-ce raison ? est-ce un acte de prévoyance et de sagesse, ou seulement un abus de la réglementation, une entrave pour le commerce, une atteinte inutile et fâcheuse à la liberté des contrats ? La suite nous le fera voir. Il faut savoir en effet si les trois combinaisons proposées par la loi sont les seules possibles, si elles suffisent au commerce, si la détermination rigoureuse et les restrictions auxquelles elles sont soumises ne contrarient pas le jeu de l'association et son développement normal. Voyons d'abord quelle est l'utilité particulière de chacune de ces combinaisons.

La société en nom collectif, dont les membres mettent en commun tout ce qui a quelque valeur dans le commerce, semble au premier abord la forme la plus parfaite de l'association, comme elle en est la plus rigoureuse. C'est en quelque sorte le dernier mot, le type absolu de l'association commerciale. Mais par cela même qu'elle est rigoureuse, absolue, elle n'est guère susceptible de s'étendre sur une large échelle. Trop de conditions sont nécessaires dans une alliance si étroite pour que les convenances individuelles s'y rallient fréquemment. A des hommes qui mettent en commun leur activité industrielle, il faut des talents semblables, ou qui s'adaptent ; et s'il n'est pas absolument nécessaire que l'étendue du crédit de chacun et la somme de leurs capitaux soient les mêmes, il y faut cependant un juste rapport qui éloigne la possibilité d'une lésion. D'autre part, entre des hommes liés par aine solidarité complexe, et dont chacun jouit du privilège exorbitant d'engager indéfiniment tous les autres, il faut encore une confiance réciproque invariable et sans bornes : il faut enfin, dans une société telle qu'elle entraîne presque inévitablement un contact perpétuel et de tous les jours, des sympathies personnelles, une sorte de conformité d'humeur, ou tout au moins une tolérance mutuelle inaltérable. Combien de fois rencontrera-t-on toutes ces conditions réunies ? Est-il possible qu'elles se réalisent dans un cercle nombreux ? Tout au plus les trouvera-t-on de temps en temps dans un petit groupe de parents ou d'amis. Aussi les sociétés en nom collectif sont-elles toujours aussi bornées par le nombre des sociétaires qu'elles sont étendues par la multiplicité des intérêts qu'elles embrassent.

La société en commandite, quoique bien rigoureuse encore, l'est beaucoup moins toutefois que la société en nom collectif. Comme la plupart des associés n'y concourent pas activement à la gestion des affaires communes, elle porte avec elle moins de germes de discorde, et peut prétendre à une existence plus longue et plus paisible. Ajoutons qu'il est plus facile de l'étendre sur une grande échelle. Là, plus aucune de ces difficultés qu'engendre dans la société en nom collectif la coopération forcée de tous les membres. Il n'est pas nécessaire que les volontés concordent dans l'exécution, que les caractères sympathisent, que les talents s'ajustent l'un à l'autre, que les associés enfin agissent et pensent de concert en toutes choses et à tout instant il suffit qu'une fois pour toutes ils aient adopté les vues de leur gérant, et que son caractère leur réponde de la fidélité de sa gestion.

Veut-on concevoir la société en commandite dans ses données les plus rigoureuses ; que l'on suppose un inventeur qui cherche autour de lui des fonds pour exploiter sa découverte. Pour attirer à lui les capitalistes, il faut qu'il leur offre comme appât le partage des bénéfices que sa découverte promet, c'est-à-dire, qu'il les associe aux chances de son exploitation. Quelle sera cependant la forme d'association qu'il choisira ? Évidemment ce ne sera pas la société en nom collectif, car pourquoi appellerait-il des tiers à partager la direction d'une industrie dont il possède seul le secret ? A quoi bon d'ailleurs établir une solidarité d'actes là où la réciprocité n'est pas possible ? Il ne choisira pas davantage la société anonyme, où il faudrait qu'il s'abdiquât lui-même. Tous les associés y étant égaux et rangés indistinctement dans la classe des actionnaires, il devrait se résigner à devenir actionnaire pur et simple, et confondu dans la foule ; tandis que, la société n'existant que par lui et à cause de lui, le titre de chef lui appartient de droit.

Il en est de même toutes les fois qu'un négociant ou chef d'industrie, sans être précisément un inventeur, a pourtant des titres particuliers et irrévocables à la direction d'une entreprise, soit parce qu'il en est le premier fondateur, soit parce qu'il possède une capacité spéciale pour la gérer. Telle est, pour ces cas particuliers, la nécessité de la commandite, qu'on ne saurait guère comment on pourrait alors s'en passer ou la remplacer. Supprimez-la, et à l'instant vous entrevoyez de toutes parts des découvertes perdues, des capacités stériles, des établissements pleins de sève frappés de paralysie ou de mort.

Telle qu'elle est, cependant, avec ses formes irrégulières et sa destination toute spéciale, par cela même qu'elle s'adapte à certaines situations données, la commandite convient mal aux situations communes. Comme elle attribue tous les pouvoirs à un seul homme, dans lequel on peut dire que la société se personnifie, elle veut au moins que la capacité personnelle de ce gérant domine le corps de l'association ; autrement le contrat devient abusif, en ce qu'il crée au profit d'un seul un droit exorbitant que rien ne justifie. Lorsque les associés possèdent des droits à peu près égaux, que nul ne se recommande d'une manière particulière et exclusive comme le gérant de l'entreprise ; que cette fonction peut être dévolue indifféremment à tel ou tel d'entre eux, ou seulement lorsque la société, s'étant formée sans l'intervention nécessaire d'un fondateur, s'appartient en quelque sorte à elle-même ; dans tous ces cas, et ils sont bien plus communs que ceux que nous avons mentionnés tout à l'heure, la prépondérance exclusive que la commandite attribue à son gérant devient une anomalie et presque une monstruosité. Quelle est donc la forme qui convient en pareil cas ? On l'a déjà compris, c'est celle de la société anonyme.

La société anonyme est la véritable association de notre temps, celle que les besoins actuels de l'industrie réclament et à qui l'avenir appartient. Tout le prouve, son origine récente, ses rapides succès pendant le court intervalle de temps où elle a été presque libre, les efforts que l'on a faits tant en Angleterre qu'en France pour la suppléer, et son immense propagation aux États- Unis, où elle a été moins entravée par l'autorité publique. Il suffit d'ailleurs de considérer sa nature pour voir combien elle entre dans l'esprit du commerce, et avec quelle facilité elle s'adapte à ses besoins.

Des capitalistes rassemblés de divers points vers un centre commun s'entendent pour concourir à une entreprise. Ils souscrivent chacun pour une somme quelconque, qu'ils déterminent eux-mêmes, d'après leurs convenances ou leurs moyens. Du montant de ces souscriptions ils forment un capital social en rapport avec l'objet qu'ils se proposent ; ils nomment les mandataires qui géreront ce capital dans l'intérêt commun, après quoi toutes leurs obligations sont remplies. Ils se sont rassemblés sans se connaître ; ils peuvent se séparer de même, unis par un même intérêt, mais entièrement libres d'ailleurs dans leurs personnes et dans leurs actes. Si quelque devoir leur reste, c'est un devoir de surveillance, toujours facile, dont ils peuvent s'acquitter de loin, ou même se dispenser à l'occasion. Là point de contrainte fâcheuse, puisqu'une fois sa mise versée, chacun rentre dans sa liberté ; point de responsabilité inquiétante, puisque nul ne peut être obligé au-delà de cet apport. Du reste, si parmi les associés il s'en trouve qui aspirent à diriger eux-mêmes les affaires communes, ou du moins à concourir activement à leur direction, ils peuvent encore y prétendre en se proposant au choix de leurs co-associés.

Charles Coquelin

Comme le capital de la société anonyme peut se diviser à volonté, et que les associés ne sont unis que par-là, sans que leur présence au siège de la société soit nécessaire, les portions du capital ou les titres qui les représentent peuvent se répandre au loin sur toute la surface d'un pays et jusque dans les pays étrangers. Ainsi tous les nationaux peuvent être appelés à concourir à l'exécution d'une entreprise nationale, et les commerçants de tous les pays à celle d'une entreprise qui intéresse le commerce tout entier. Rien qui réponde mieux que le principe d'une telle association à l'esprit cosmopolite du commerce ; rien qui favorise plus directement cette fusion commerciale de tous les peuples vers laquelle l'industrie moderne tend d'une manière si visible et par des efforts si continus.

Et puis quelles facilités pour proportionner le capital à l'étendue de l'entreprise ! Un capitaliste possède une fortune déterminée ; il jouit d'un crédit qui a ses bornes ; cette fortune et ce crédit peuvent excéder les limites des besoins ou demeurer fort au-dessous. Dans le premier cas, c'est à peine s'il daignera s'attacher à des opérations au-dessous de ses moyens ; dans le second cas, beaucoup plus ordinaire, il n'éprouvera que des embarras et des mécomptes. Dans une société comme celle qui nous occupe, le capital est élastique, il peut s'étendre ou se resserrer à volonté.

C'est surtout pour les grandes entreprises que la société anonyme l'emporte, non-seulement sur les particuliers, ce qui est trop facile à comprendre, mais encore sur les autres formes de l'association. La société en nom collectif, on l'a déjà vu, ne peut guère s'étendre à cause de ses exigences trop rigoureuses. La commandite elle-même, quand on n'en force pas tous les ressorts, est assez bornée dans ses moyens. Mais, dans la société anonyme, la base de l'association peut s'élargir à volonté, et on ne voit pas de limite à l'extension du capital. C'est pour cela que cette espèce de société est vraiment la seule qui soit à la hauteur de toutes les conceptions industrielles.

Elle ne l'emporte pas moins par l'excellence de sa constitution. Dans la société en nom collectif, le pouvoir égal et l'intervention directe de tous les membres engendrent des conflits : ce sont des débats journaliers et des tiraillements sans fin. Si la commandite échappe à cet inconvénient, c'est en imposant, à ceux qui la nourrissent et la soutiennent de leurs capitaux, une trop grande abnégation de leurs droits. La société anonyme remet toutes choses à leur place, et fait régner l'ordre sans étouffer le droit. Elle laisse à la masse des actionnaires un pouvoir suffisant, le seul, d'ailleurs, qui puisse être utilement exercé par elle, celui de nommer, de contrôler, de révoquer les directeurs. Quant aux fonctionnaires, c'est-à-dire à ce groupe d'hommes qui viennent apporter à la société leur industrie, elle les organise suivant le seul principe qui puisse maintenir l'unité et l'harmonie dans un groupe de travailleurs, le principe de la hiérarchie et de l'autorité. Nommés par la masse dont ils dépendent, les directeurs ont, à leur tour, une autorité absolue sur les autres employés, qui ne dépendent que d'eux. Ainsi, entre les associés règne l'égalité, condition nécessaire de l'association proprement dite ; entre les employés, la subordination, condition nécessaire de l'unité, de la suite, de l'activité dans le travail, et, au milieu de tout cela, les droits de tous sont conservés. La société anonyme réunit donc tous les avantages divers, et semble, comme elle l'est en effet, la combinaison la plus parfaite de l'association commerciale.

Section III

Si nous ne sommes point abusé, ce qu'on vient de voir confirmé le doute que nous avons exprimé précédemment sur l'insuffisance générale du système. Evidemment ces trois espèces de sociétés, avec leurs formes particulières et leurs applications restreintes, sont loin de remplir le vaste cercle de l'association : il est impossible de ne pas reconnaître entre elles de grands vides et d'importantes lacunes. Entre la société en nom collectif, où les associés s'identifient, pour ainsi dire, corps et biens, et la société anonyme, où ils ne mettent en commun qu'une portion déterminée de leurs capitaux, que de degrés à franchir ! Que d'heureuses combinaisons possibles entre ces deux limites extrêmes ! On comprendra donc sans nulle peine que, si l'association était libre, l'industrie privée, qui s'ingénie sans cesse pour accroître ses moyens et utiliser ses ressources, n'est pas manqué de la soumettre à de nouvelles combinaisons qui en eussent singulièrement fécondé le principe. Supposez, par exemple, que, dans la première des sociétés, que nous appellerons, si l'on veut, solidaire, on dispense les membres de l'obligation d'accoler leurs noms dans un acte public et dans la raison sociale, qu'on leur permette de désigner leur société comme ils l'entendent, soit par le nom de l'un ou l'autre des membres, soit par l'objet de l'entreprise ; aussitôt l'association change de caractère, ses liens se relâchent, et elle devient susceptible de s'étendre dans la proportion de ce relâchement. Que si on lui permet, en outre, de diviser son capital en actions, chose trop naturelle d'ailleurs et trop simple pour être jamais interdite, rien n'empêche qu'elle ne s'élève à la hauteur des grandes entreprises, sans pourtant se confondre avec la société anonyme, de laquelle elle se distingue encore notamment par la responsabilité indéfinie de tous ses membres. C'est ainsi qu'une seule de nos sociétés actuelles pourrait, sans effort, en engendrer plusieurs. Il est facile d'appliquer aux autres la même observation.[1]

En considérant les choses sous ce point de vue, on sera porté à regretter qu'on ait cru devoir classer si méthodiquement les diverses espèces de sociétés, en limiter le nombre, et déterminer si rigoureusement leurs conditions d'existence. Il fallait, ce semble, laisser plus de latitude au commerce, et faire une part plus large à la liberté des contrats. Si le législateur a cru faire en cela acte de prévoyance et de sagesse, assurément il s'est trompé. Au lieu de régulariser l'association, il n'a fait qu'arrêter son développement et contrarier ses lois. Au lieu d'introduire l'ordre dans ce genre de transactions, il n'a fait que fomenter, sous une régularité apparente, un désordre réel ; car il était inévitable que l'industrie privée se portât bientôt à briser les chaînes où on la retenait captive, ou à s'échapper par des issues secrètes, puisqu'on lui fermait ses véritables voies.

1 En 1838, dans un écrit sur les sociétés commerciales, M. Wolowski proposait, afin de remédier aux abus alors existants de la commandite, d'attribuer une certaine autorité au corps des commanditaires ou au conseil de surveillance institué par eux. M. Wolowski ne voyait pas que ce qu'il proposait n'était pas une simple modification de la commandite actuelle, mais une nouvelle espèce de société, société beaucoup plus convenable, en effet, pour les usages auxquels la commandite s'appliquait alors par extension et par abus, mais nullement convenable pour les images auxquels elle avait été appliquée jusqu'alors. Vers le même temps, dans un écrit sur la même matière, M. Vincens, conseiller d'état, faisait remarquer que le conseil d'état ne donnait pas toujours aux sociétés anonymes qu'il autorisait la même constitution. On y trouve, en effet, des différences sensibles, qui ne sont pas toujours, il faut le dire, autorisées par la loi, tant il est vrai que la loi est trop rigoureuse, trop absolue, et que les formes de l'association sont susceptibles d'un nombre inappréciable de modifications utiles qu'elle n'a point prévues.

Cependant, tel qu'il est dans son ensemble, et malgré ses lacunes, le système actuel serait encore susceptible d'heureuses applications, si les dispositions secondaires étaient conçues dans un esprit plus libéral. Dégagées de toute entrave, ces trois espèces de sociétés, bien qu'insuffisantes, pourraient convenir à un grand nombre de situations et satisfaire à une foule de besoins ; mais le législateur les a entourées ou de restrictions expresses ou de formalités indirectement restrictives, qui gênent singulièrement leur développement. L'abus de la réglementation, qui est si visible dans l'ensemble du système, ne se manifeste pas moins dans les détails. Nous allons voir ce qu'à l'aide de ces restrictions les sociétés deviennent dans la pratique.

D'abord, la moindre société en nom collectif ou en commandite doit être établie et constatée avec un éclat, un appareil et des formalités sans fin. Les sociétés en nom collectif ou en commandite, dit l'art 39 du code de commerce, doivent être constatées par des actes publics où sous signature privée, en se conformant dans ce dernier cas à l'art. 1325 du code civil, c'est-à-dire en faisant autant d'originaux qu'il y a de parties contractantes, et en insérant dans chaque original, sous peine de nullité, la mention du nombre des originaux qui ont été faits. C'est déjà trop, selon nous, pour un acte de ce genre, qui devrait être la chose du monde la plus expéditive, et, à coup sûr, le commerce, avec ses allures vives et ses rapides évolutions, s'accommoderait beaucoup mieux de conventions sociales qui pourraient se nouer ou se dénouer à volonté par de simples lettres, et dont l'existence serait constatée au besoin par la correspondance et par les livres. Mais ce n'est pas tout, et le code de commerce ne se contente pas de si peu.

Pour qu'une société soit légalement établie, il faut encore (art. 42) que l'extrait de l'acte soit remis, dans la quinzaine de sa date, au greffe du tribunal de commerce de l'arrondissement dans lequel est établi le siège social, pour être transcrit sur le registre et affiché pendant trois mois dans la salle des audiences. Si la société a plusieurs maisons de commerce situées dans divers arrondissements, la remise, la transcription et l'affiche de cet extrait doivent être faites au tribunal de commerce de chaque arrondissement. L'extrait doit contenir (art. 43) les noms, prénoms, qualités et demeures des associés autres que les actionnaires ou commanditaires, la raison de commerce de la société, la désignation de ceux des associés autorisés à gérer, administrer et signer pour la société, le montant des valeurs fournies par actions ou en commandite, l'époque où la société doit commencer et celle où elle doit finir. Mêmes formalités lorsque la société est continuée après le terme fixé pour sa durée, lorsqu'elle est dissoute avant le temps, lorsqu'un ou plusieurs des associés se retirent, lorsque de nouvelles clauses ou stipulations sont introduites dans l'acte, ou enfin lorsqu'il est changé quelque chose à la raison sociale. Et, afin que ces formalités soient observées dans leur rigueur, le législateur a cru devoir les sanctionner par la plus inévitable, mais non pas la plus morale des peines, celle de la nullité de l'acte à l'égard des intéressés, sans préjudice des droits des tiers.

Ne nous appesantissons pas sur l'abus de ces formalités et sur la gêne qu'elles engendrent, gêne trop réelle, quoique l'habitude en fasse moins sentir le poids ; mais remarquons, en passant, cette longue et fastidieuse publicité qu'on impose aux sociétés commerciales. Qu'est-ce d'ailleurs qu'une convention dont les termes doivent rester exposés aux regards du public pendant trois mois ? Trois mois ; on en demande beaucoup moins pour la publication des bans de mariage. Après avoir affiché leur union commerciale pendant un temps si long, les associés ne peuvent guère songer à se séparer dans un terme prochain. Il faut bien que la durée présumable de l'association corresponde à celle de la publicité qu'elle a reçue, et une publicité de trois mois suppose au moins dix ou vingt ans d'union commerciale. Est-ce bien au commerce que l'on peut songer à imposer de telles obligations ? Le commerce, dont la mobilité est l'essence, peut-il se prêter sans effort à des unions ainsi réglées, et n'est-ce pas le violenter dans son esprit que l'assujettir à de semblables lois ?

Ces précautions sont nécessaires, dira-t-on, pour garantir les droits des tiers. Si elles sont nécessaires, comment donc l'Angleterre s'en est-elle passée jusqu'aujourd'hui ? car dans ce pays les associations se contractent sans aucune des formalités obligatoires parmi nous. Si elles sont nécessaires, pourquoi le code français lui-même en exempte-t-il les sociétés en participation ? On sait que ces sociétés ne sont sujettes (art. 50) à aucune des formalités prescrites pour les autres, et qu'elles peuvent être constatées (art. 49) par la représentation des livres ou de la correspondance, et même par la preuve testimoniale. Pourquoi cet abandon partiel d'un système de garanties qui paraît si nécessaire ? C'est, dira-t-on, qu'il serait impraticable pour des associations qui doivent avoir une durée si courte. Sans doute, le législateur n'a pas voulu imposer une publicité de trois mois à des associations qui pouvaient ne durer qu'un jour, il a reculé devant l'absurde ; mais au fond ces garanties légales, si elles étaient jamais nécessaires, le seraient d'autant plus que l'association aurait moins de durée. Une union passagère laisse ordinairement peu de traces après elle, peu de preuves matérielles ou morales de son existence, et il est toujours difficile de la saisir, tandis qu'une société qui dure se constate assez d'elle-même et par ses actes. Si donc la représentation des livres, de la correspondance, et la preuve testimoniale suffisent pour constater les sociétés en participation, à plus forte raison suffiraient-elles pour constater les autres.

Entre les sociétés en participation qui ne se forment ordinairement que pour une seule affaire, et ces sociétés de longue haleine qui semblent devoir embrasser la meilleure partie de la vie d'un homme, la distance est grande, et on y trouverait place pour un nombre infini d'associations contractées en vue d'une position donnée, pour certains besoins du moment et sans prévision d'une bien longue durée. Celles-là seraient assurément les plus fréquentes parce qu'elles n'auraient rien qui effrayât la pensée des contractants, et elles seraient par cela même les plus utiles. Comment se formeraient cependant de telles associations quand, pour les rendre valables, la loi exige invariablement des formalités sans nombre et une publicité de trois mois ?

Mais apparemment le législateur a cru bien faire en introduisant dans les unions commerciales ce qu'on appelle si mal à propos la fixité. C'est le faible ordinaire de ceux qui font les lois, d'attacher plus de prix à ce qui dure, et de vouloir imprimer à tout ce qu'ils touchent ce caractère de fixité et de durée : comme s'il était bon qu'une chose durât plus que les besoins ne l'exigent, qu'elle se perpétuât quand elle a cessé d'être utile. Ce qui est sûr, c'est que cette fixité et cette perpétuité contrarient les lois du commerce. Tant mieux, dira-t-on, si par là on peut opposer des digues à ce flot toujours mouvant. Mais croit-on, par hasard, que la mobilité du commerce n'ait pas sa raison et sa sagesse ? S'imagine-t-on qu'elle ne soit qu'un appétit grossier de changement et ne dérive que du caprice ? Si le commerce s'agite et se remue, ce n'est pas que cela lui plaise ou l'amuse, c'est que la nécessité le pousse, ou que les situations l'entraînent. S'il marche de combinaisons en combinaisons, d'essais en essais, c'est qu'il s'ingénie sans cesse pour se mettre au niveau des situations présentes et répondre à des besoins toujours changeants. Veut-on qu'il demeure immobile quand tout se meut autour de lui ? Autant vaudrait conseiller au navigateur de présenter les mêmes voiles à tous les vents.

Des trois formes de l'association que la loi autorise, voilà donc les deux premières singulièrement gênées dans la pratique par le système de garanties que la loi leur impose. C'est bien pis en ce qui touche la société anonyme. Pour celle-ci, le législateur ne s'est pas contenté des formalités légales ; il a voulu qu'elle ne fût établie que moyennant une autorisation expresse.

Ou a essayé souvent de justifier cet excès de sévérité, en alléguant la nature particulière de la société anonyme, et le peu de responsabilité qu'elle offre à l'égard des tiers. Nous examinerons bientôt la valeur de ce motif ; mais, avant tout, il est bon de voir où conduit le système de l'autorisation. Pour comprendre jusqu'à quel point il nuit à l'établissement des sociétés anonymes, il suffira d'assister en quelque sorte au travail ordinaire de leur formation.

Supposez qu'un ou plusieurs particuliers aient conçu le projet d'en fonder une ; si cette espèce de Société était libre, que feraient-ils ? Ils marqueraient leur but, exposeraient leur plan, et, après avoir mis l'un et l'autre sous les yeux du public, ou seulement d'un certain nombre d'hommes choisis, ils les convieraient à se réunir à eux. Là, rien que de simple et de raisonnablement facile ; il n'y a d'autres difficultés à vaincre que celles qui sont inhérentes à la chose elle-même. Mais, dès l'instant qu'une autorisation est nécessaire, de toutes parts de nouvelles et de plus graves difficultés surgissent.

Et d'abord un doute s'élèvera dans l'esprit même des fondateurs. Seront- ils assez heureux pour obtenir du conseil d'état l'autorisation exigée ? Leur projet, qui leur sourit à eux-mêmes, duquel ils attendent d'heureux fruits, et qu'ils ont le ferme espoir de faire approuver par un grand nombre de capitalistes, sera-t-il vu d'un œil aussi favorable par les jurisconsultes du conseil d'état, hommes fort étrangers, par la nature même de leurs travaux, à l'intelligence des affaires commerciales ? Ces conseillers d'état, qui ont tant d'autres sujets de préoccupation, examineront-ils avec le même soin qu'eux, avec la même attention tout à la fois scrupuleuse et bienveillante, une affaire qui ne les intéresse en aucune façon directement ? Eux, parties intéressées, pourront-ils suffisamment se faire entendre de ce conseil, placé si fort au-dessus et quelquefois si loin d'eux (car toute la France n'est pas à Paris) ? pourront-ils raisonnablement espérer de lui faire partager leurs vues ? Quel que soit l'objet qu'ils se proposent, à moins qu'il ne s'agisse d'une de ces rares institutions que la voix publique appelle depuis longtemps, il est clair qu'ils n'ont pour eux que de faibles chances de réussite. C'est pourtant avec ces chances incertaines qu'ils doivent s'aventurer dans la poursuite de leur entreprise. En faut-il davantage pour faire reculer les plus audacieux et faire avorter dans leur germe le plus grand nombre des projets de sociétés anonymes qui pourraient être conçus en France ?

Admettons pourtant que les auteurs d'un tel projet se décident, malgré ces chances, à en poursuivre résolument l'exécution. Ils feront donc d'avance le sacrifice de leurs travaux et de leurs peines ; ils se résigneront à des démarches très coûteuses et pleines d'ennuis, dont ils risquent fort de ne pas recueillir le fruit. Ce n'est pas tout encore, et la nécessité d'une autorisation va leur susciter bien d'autres obstacles.

A qui s'adresseront-ils d'abord ? Sera-ce au conseil d'état ou aux capitalistes ? S'ils ne présentent que leurs plans sans un capital déjà souscrit, le conseil d'état ne les écoutera même pas, et peut-être aura-t-il raison ; comment veut-on qu'il se prononce sur le fait d'une société qui n'est encore qu'à l'état d'embryon, dont il ne peut apprécier la direction ni calculer les ressources ? S'ils s'adressent d'abord aux capitalistes, comment les détermineront-ils à seconder leurs vues ? Ce n'est plus assez de leur communiquer leur projet, de leur exposer leur plan, de leur en faire adopter la direction et les bases ; il s'agit bien d'antre chose. Ce doute qui les a tourmentés au moment de la conception de leur projet, et qu'ils ont eu le courage de braver, ils vont le rencontrer dans l'esprit de tous ceux

Charles Coquelin

dont ils provoqueront le concours, et il va devenir leur plus redoutable adversaire. Votre projet est excellent, leur dira-t-on, vos plans sont bien conçus, votre direction est sage ; mais obtiendrez-vous l'approbation du conseil d'état ? Voilà l'objection qu'on leur présentera de toutes parts, et qu'auront-ils à répondre ? Quand on sait combien les capitaux sont capricieux, qu'on nous pardonne le mot, et quels faibles motifs suffisent pour les détourner des entreprises les plus utiles, on ne peut s'empêcher de voir dans cette objection seule l'un des obstacles les plus sérieux à la formation d'un capital social.

Pour obtenir l'approbation du conseil d'état, disons mieux, pour avoir seulement le droit de se présenter à sa barre, il faut avoir formé le capital social : c'est une obligation impérieuse ; mais pour déterminer les capitalistes à concourir à la formation de ce capital social, il faudrait avoir obtenu d'avance l'approbation du conseil d'état : c'est une nécessité morale. Voilà donc les fondateurs comme enfermés dans un cercle infranchissable. Quel moyen d'en sortir ? Comment arriver au but qu'on se propose ? Soumettre l'exercice d'un droit à de semblables épreuves, n'est-ce pas l'anéantir ?

On voit bien que nous raisonnons ici en faisant abstraction de l'esprit dans lequel le conseil d'état dirige le pouvoir exorbitant qui lui est départi. De quelque manière qu'il l'exerce il ne fera jamais que la seule idée de recourir à lui n'effarouche la plupart des commerçants, surtout en province, où le conseil d'état apparaît comme une sorte de tribunal inabordable. Il faut ajouter, d'ailleurs, qu'il se montre vraiment plus sévère qu'il ne convient, et qu'il étend son contrôle beaucoup plus loin que la nature de ses fonctions ne le demande. Il devrait se borner à constater la sincérité des actes, et ne point s'enquérir des chances de réussite dont les parties intéressées sont les seuls juges. Il s'en faut bien qu'il use de cette sage réserve. Si l'on veut être édifié sur sa manière de procéder, on peut trouver quelques détails fort curieux à ce sujet dans l'écrit de M. Vincens que nous avons déjà Cité. Nous regrettons que l'étendue de ce passage ne nous permette pas de le transcrire. Après l'avoir lu, on se demande comment il est possible que quelques sociétés anonymes viennent encore de temps en temps à paraître au jour, après avoir échappé à l'inextricable réseau de formalités dont on les enveloppe.

Qu'est-ce donc maintenant que la Société anonyme en France ? Est-ce par hasard une forme d'association que le commerce puisse appliquer à son usage ? Évidemment non ; c'est une forme réservée par privilège à certaines entreprises extraordinaires qui se recommandent par une grandeur ou un éclat inusité. Celles-là seules, en effet, peuvent se présenter devant le conseil d'état avec des chances raisonnables de succès, sur lesquelles l'opinion publique est formée, et qui ont pour elles l'appui des autorités constituées et de quelques hommes puissants. Les entreprises de ce genre sont rares, et quelle que soit leur importance particulière, elles sont, par leur rareté même, d'un intérêt secondaire pour le pays. Quant à la foule des entreprises de second ordre, ou plutôt dont l'utilité est moins apparente et ne peut souvent s'apprécier, que sur les lieux, la forme de la société anonyme leur est de fait interdite. A bien plus forte raison cette forme devient-elle impraticable pour ces entreprises aventureuses dont nous parlions plus haut, et qui semblent la réclamer plus que toutes les autres ; car peut-on demander pour des opérations de ce genre l'approbation d'un conseil dont le contrôle a précisément pour objet avoué et reconnu de faire prévaloir en toutes choses la circonspection et la prudence ?

Avec de tels éléments, on comprend que l'association n'a pu faire de grands progrès en France, et que le commerce y doit être presque entièrement privé de ses bienfaits. En effet, jusqu'à ces dernières années où l'esprit d'association, pressé de se faire jour, a rompu les barrières de la loi, c'est à peine si l'aspect de la France pouvait donner une idée de ce qu'engendre l'union des forces commerciales. Aujourd'hui même, qu'est-ce que ces rares sociétés par actions répandues çà et là autour de nous ? En Angleterre, avec des conditions plus favorables, quoique trop rigoureuses encore, l'association s'est propagée depuis longtemps avec une bien autre puissance. Le nombre est incalculable des sociétés par actions que ce pays renferme ; l'imagination serait confondue de la masse des capitaux qu'elles représentent, et, avec la mesure de liberté dont elles jouissent, ces sociétés ont enfanté des merveilles. Il en est de même aux États-Unis. Sans compter les innombrables banques fondées par actions qui peuplent ce pays, chaque place importante de l'Union compte une foule d'associations de tous genres, dont quelques-unes sont gigantesques. Les moindres villes, les bourgs, les villages même, ont les leurs. Elles soutiennent l'industrie privée ; elles la secondent et l'animent, en même temps qu'elles la complètent. Toutes ensemble, soit qu'elles se renferment dans ce rôle de protectrices des établissements particuliers, soit qu'elles s'attachent à des opérations d'une nature exceptionnelle, elles accroissent de leur activité et de leurs immenses ressources la puissance industrielle et la richesse du pays. A quelle distance ne sommes-nous pas de ce merveilleux développement !

Section IV

En reconnaissant avec amertume notre infériorité à cet égard, beaucoup d'hommes, fort éclairés d'ailleurs, en ont conclu que l'association n'était pas dans nos mœurs, que le commerce français n'en avait pas l'instinct, qu'il en méconnaissait la puissance et n'en sentait pas le besoin. Étrange façon d'interpréter le génie d'un peuple ! Et sur ce fondement, ils se sont pris à gourmander les commerçants et à s'ériger en docteurs pour les instruire. Ne semble-t-il pas qu'au lieu de s'adresser au commerce pour lui prodiguer de fort inutiles leçons, on aurait dû se tourner vers ceux qui font les lois, pour les inviter, non pas à établir des sociétés, non pas même à favoriser l'esprit d'association par des encouragements, soin superflu lorsque tant d'intérêts particuliers le provoquent, mais à lever les entraves ou les interdictions qui neutralisent à cet égard l'action de l'intérêt privé. Le commerce français a prouvé depuis longtemps qu'il ne serait inférieur en ce point à aucun autre, si on le laissait faire, et que, pour fonder toutes les institutions qui lui manquent, il n'a besoin que d'un peu de cette liberté dont jouissent les Anglais et les Américains.

Il ne faut pas d'ailleurs remonter bien haut pour établir une vérité dont les preuves ont éclaté sous nos yeux d'une manière si désastreuse. Tous ces abus, signalés naguère dans la formation et la conduite des sociétés en commandite par actions, qu'étaient-ils autre chose que des témoignages frappants, d'une part, de l'entraînement des capitaux vers les associations commerciales, de l'autre, des imperfections de la loi ? Ils naissaient tous ou presque tous des efforts tentés par l'esprit d'association pour élargir le cadre d'un système où il se trouve mal à l'aise, pour secouer le joug d'une législation qui le comprime et qui l'étouffe. Est-ce l'esprit d'association qui manquait alors ? Qu'on s'en souvienne, il se manifestait de toutes parts, il débordait partout ; mais la loi le secondait mal, et tenait l'association captive malgré les mœurs. Aussi l'association faisait-elle effort pour se dégager, pour s'échapper des liens qui l'enserraient. Elle tournait la loi, elle la violentait, comme elle en était elle-même violentée ; elle en tourmentait les dispositions et en faussait l'esprit pour la plier, autant qu'il était en elle, à ses convenances et à ses besoins. De cette lutte malheureuse entre l'esprit d'association cherchant à se donner carrière, et la loi qui le comprime, sont sortis, comme de leur source naturelle, tous les désordres dont on s'est plaint.

Ce qui doit frapper d'abord dans le tableau des évènements de ces dernières années, c'est l'importance extraordinaire que les sociétés en commandite ont acquise, soit par leur nombre, hors de toute proportion avec celui des sociétés d'un autre genre, soit par la grandeur des entreprises qu'elles ont tentées. Si l'on a bien compris ce que nous avons dit précédemment sur la nature toute particulière de cette espèce de société, on a dû voir qu'elle n'était pas réservée à des destinées si hautes. Tel a été cependant l'entraînement vers cette forme particulière de l'association, qu'on a voulu l'appliquer à tout. Elle a tout abordé, tout envahi, et il n'y a pas d'entreprise si vaste qui ne soit tombée dans son domaine. D'où est venue cette prédominance presque exclusive de la commandite ? On l'a déjà compris, de la nécessité. C'est que la société en nom collectif ne pouvant pas, en raison de ses exigences, se prêter aux agrégations nombreuses, et la société anonyme n'étant pas libre, la commandite est demeurée comme la seule porte ouverte à l'esprit d'association quand il s'est exercé en grand. Quiconque a voulu mettre en avant un projet d'une certaine importance réalisable par voie d'association, a dû proposer la commandite, non pas comme la meilleure forme ou la plus convenable, mais comme la seule qu'il fût possible d'établir. Quiconque a voulu jouir, comme simple intéressé, des avantages que l'association promet, ou tenter les chances des grandes entreprises en y aventurant ses fonds, a dû s'adresser aux sociétés en commandite, non pas comme à celles qui offraient le plus de garanties, mais comme aux seules sociétés auxquelles les grandes entreprises semblaient appartenir. Fondateurs et action-naires, tous se sont précipités comme à l'envi dans cette carrière unique, sans réflexion, sans examen, car l'examen est inutile où n'existe point la liberté du choix. Et voilà comment la commandite est devenue, contre sa nature, le mode presque universel de l'asso-ciation commerciale.

On l'a dit avec raison, la plupart des sociétés en commandite for-mées dans ces derniers temps n'étaient autre chose que des sociétés anonymes déguisées, en ce sens du moins qu'elles usurpaient la place de ces dernières. Un homme sans consistance, sans aucun talent spécial, n'ayant ni établissement formé ni ressources pour en fonder un, se présentait il réunissait autour de lui des bailleurs de fonds, et quand il était parvenu à former, avec leur appui, une société pourvue d'un capital considérable, il s'en constituait de son chef le directeur-gérant. D'autres fois, c'étaient les capitalistes eux-mêmes qui se réunissaient spontanément en vue d'une entreprise déterminée. Ils se cotisaient pour former le premier noyau d'un capital social, qu'ils travaillaient ensuite à compléter par l'adhésion d'autres actionnaires. Qui ne reconnaît dans ces deux cas tous les éléments générateurs de la société anonyme ? Puisque les action-naires avaient seuls concouru à la formation du capital social, ils étaient, malgré toutes les appellations contraires, les vrais fonda-teurs de la société ; disons mieux, ils étaient la société elle-même. Le gérant, soit qu'il eût ouvert la liste des souscripteurs, soit qu'il n'eût été choisi qu'après coup, n'était, à tout prendre, qu'un rouage secondaire, facile à remplacer. Ce n'était pas en lui que la socié-té résidait, puisqu'il aurait pu s'en retirer sans altérer en rien ses conditions d'existence ; ce n'était pas sur lui que reposait l'avenir de l'entreprise, puisqu'il n'avait rien apporté qui fût essentiel à son succès. Les actionnaires étaient tout, avaient tout fait. C'était donc à eux seuls que l'autorité finale devait appartenir, tandis que le gérant, homme de leur choix, œuvre de leurs mains, ne pouvait prétendre qu'à exercer, sous leur contrôle, un pouvoir condition-nel, révocable et limité. Voilà pourtant dans quels cas on adoptait la forme de la société en commandite, et, par le seul fait de cette adoption, la masse des actionnaires, qui avait tout fait, se trouvait comme rejetée hors de son siège, pendant que le gérant, auquel la société ne devait rien, s'y installait en maître, investi désormais d'un pouvoir irrévocable, sans contrôle et sans limites.

C'était déjà un grand mal en soi que ce renversement. Nous n'avons gardé de dire qu'il couvrait toujours des intentions coupables dans es gérants : on vient de voir, au contraire, qu'il était forcé dans l'état actuel de la législation commerciale. Pourquoi la loi s'opposait-elle à l'établissement pur et simple de la société anonyme ? Sans cela, pense-t-on que les actionnaires eussent été assez dépourvus de sens pour abdiquer tout pouvoir et se priver de toute garantie, quand il leur eût été si facile de se réserver l'un et l'autre ? Les gérants eux-mêmes, fondateurs ou non, eussent-ils bien osé leur proposer une telle abdication ? C'est donc à la loi et non aux hommes qu'il faut s'en prendre. Mais cette déviation des vrais principes n'en était pas moins par elle-même un abus grave, qui devait être encore par occasion le germe de beaucoup d'autres.

Supposons, et les cas n'en sont heureusement pas rares, une entière bonne foi dans les actionnaires et les gérants ; alors même l'adoption contre nature de la forme commanditaire entraîne des inconvénients de plus d'un genre.

Il peut arriver d'abord que l'homme choisi pour gérant, quoique irréprochable dans ses actes, soit incapable relativement aux opérations dont on le charge ; car dans une entreprise naissante, et souvent d'un genre nouveau, comment s'assurer de l'infaillibilité d'un premier choix ? N'y eût-il pas d'erreur, ce serait encore un mal que les intéressés fussent privés de leur droit de contrôle et d'élection. Il n'est guère d'homme si probe et si capable qui n'ait encore besoin d'être surveillé et tenu en haleine quand il gère les intérêts des autres ; car la probité elle-même se relâche, et l'homme capable, que nul aiguillon ne presse, oublie souvent de mettre en œuvre ses moyens. Dans les sociétés anonymes, les directeurs, dominés par l'autorité suprême du corps des actionnaires, sont contenus par elle : leurs actes sont soumis à une surveillance active, et la crainte toujours présente d'une destitution possible est cet aiguillon nécessaire. Quoi de semblable dans les sociétés en commandite ? On peut bien y exercer aussi une surveillance nominale et instituer bruyamment des conseils à cet effet : c'est même ce qui se pratique dans la plupart des cas ; mais où est l'autorité de ces conseils ? A moins qu'il ne se commette dans la gestion des actes vraiment coupables et justiciables des tribunaux, circonstance que nous n'admettons pas ici, ils n'ont rien qu'un droit stérile de re-montrance : toute leur bonne volonté échoue contre le pouvoir il-limité et irrévocable du gérant. Qu'est-ce qu'une surveillance ainsi dépourvue de sanction ?

On comprend bien qu'il n'en serait pas ainsi dans les comman-dites formées suivant les vrais principes, puisqu'au fond ce qui en fait le caractère propre, c'est d'abord que le chef y ait une capaci-té toute spéciale ou dès longtemps éprouvée, et, en second lieu, que l'entreprise lui appartienne et qu'il y soit toujours le premier et le plus fort intéressé. De cette situation naissent des garanties naturelles qui peuvent dispenser des autres. Mais, dans ces com-mandites bâtardes, comme nous en avons vu s'établir un si grand nombre dans ces dernières années, une gestion négligée ou malha-bile est un accident ordinaire et presque fatal.

Cependant, par une autre conséquence du même fait, cette ges-tion mauvaise sera toujours plus chèrement rétribuée, il n'est guère possible en effet de réduire le gérant d'une commandite au trai-tement modeste du directeur d'une société anonyme. Ce dernier, n'étant qu'un mandataire élu, un fonctionnaire révocable, assu-jetti au contrôle direct ou indirect de ses commettants, devra se contenter d'un traitement en rapport avec sa condition. Comme il ne représente pas la société, qu'il ne lui donne point son nom, que sa responsabilité personnelle n'est point engagée, il ne donne à la société que sa gestion : aussi tout ce qu'on doit rétribuer en lui, c'est son activité et son intelligence. Pour le gérant d'une comman-dite, il y a d'autres circonstances à considérer. Mettons à part les exagérations monstrueuses que certains gérants se sont permises dans la fixation de leurs propres traitements ; laissons aussi les fraudes évidentes dont quelques autres se sont rendus coupables il est clair que le gérant d'une commandite a d'autres droits que le directeur d'une société anonyme. Puisqu'il est investi d'une sorte d'omnipotence, il faut bien que son traitement soit en rapport avec l'autorité supérieure qu'il exerce. Il représente d'ailleurs la société, il lui donne son nom, elle se personnifie en lui, et toutes les facultés sociales deviennent eu quelque sorte les siennes. Peut-il, dans une telle condition, se contenter du traitement qu'on ferait à un fonc-tionnaire contrôlé et révocable ? Serait-il même raisonnable de vouloir l'y renfermer ? Il est très vrai, d'ailleurs, que le gérant d'une commandite mérite un traitement plus fort, car sa responsabilité personnelle est engagée. Nous savons bien que dans le plus grand nombre des cas cette responsabilité est illusoire, la position du gérant n'offrant aucune garantie de solvabilité, surtout relativement à la grandeur de l'entreprise dont il se charge. Cette responsabilité n'est qu'une sorte de mensonge imposé par la loi ; elle n'ajoute rien au crédit de la société, elle n'est qu'une garantie trompeuse et vaine pour ceux qui traitent avec elle : elle ne profite donc à personne, ni aux associés, ni aux tiers ; mais en est-elle moins un fardeau pour celui qui l'accepte ? Pour être inutile à tout le monde, elle n'en pèse pas moins sur celui qui s'en charge, et d'autant plus lourdement qu'elle est moins en rapport avec ses moyens. Elle l'enveloppe, elle l'écrase, elle anéantit ses ressources personnelles dans le présent, et menace d'engager indéfiniment son avenir : situation fausse qu'une loi vicieuse engendre, où les dépenses sont prodiguées sans but, et les sacrifices consommés sans fruit. Oui, il y a là un sacrifice, inutile sans doute, mais pénible, et qui demande compensation. Que ce sacrifice profite ou non à ceux qui l'exigent, il doit être payé à celui qui le consomme, et il doit être payé, non en raison de ce qu'il vaut, mais en raison de ce qu'il coûte, c'est-à-dire très chèrement.

A ces motifs nous pourrions en ajouter bien d'autres, comme, par exemple, la nécessité d'intéresser fortement au succès d'une entreprise celui qui en porte les destinées entre ses mains ; mais il est inutile d'insister. Ainsi s'explique dans une certaine mesure l'exagération des avantages attribués aux gérants dans la plupart des sociétés que l'on a vues : concessions gratuites d'actions sous le nom d'*actions industrielles*, traitements exorbitants, prélèvements, primes, etc., toutes conditions fort onéreuses pour les sociétés, et qui tendaient singulièrement à compromettre le succès des entreprises les mieux conçues. Tels sont les résultats naturels, inévitables, de la substitution de la commandite à la société anonyme.

Tout cela cependant ne se rapporte encore qu'aux sociétés loyalement formées, loyalement conduites. C'est bien pis quand on considère les fraudes dont cette substitution forcée est devenue l'occasion. Il est facile de comprendre combien la situation particulière où se trouve placé le gérant d'une commandite est favorable aux coups de main, et combien, soit avant, soit après la constitution de la société, elle se prête aux manœuvres coupables des intrigants et des fripons. Comme il est de la nature de cette société que le gérant s'établisse en appelant autour de lui, non de vrais associés, mais des bailleurs de fonds, il reste maître de régler d'avance et sans le concours d'aucun des futurs intéressés, toutes les conditions de l'entreprise. Il rédige seul, et d'après ses convenances personnelles, les clauses de l'acte social. Cet acte est déjà dressé, la société est constituée, et les parts sont fixées, quand en fait appel aux sociétaires. Ainsi le veut la loi elle-même, qui, dans les commandites, ne reconnaît d'autorité et d'existence légale qu'aux seuls gérants. Quand les actionnaires viennent apporter leur souscription, il ne leur reste donc plus qu'à adhérer passivement à un acte rédigé sans eux, et dont souvent ils ne connaissent même pas la teneur. C'est ainsi qu'ils sont, dès le début, à la merci de ceux qui les appellent, et cette situation se prolonge à peu près dans les mêmes termes durant toute l'existence de la société.

Nous n'essaierons pas de tracer le tableau des désordres qu'une telle situation a enfantés. Assez d'autres se sont appesantis sur ce triste sujet, et le public n'a été que trop bien édifié à cet égard. Il nous suffit d'avoir fait remonter ces abus à leur véritable source. C'est ainsi que la loi, par un système fâcheux de formalités et de restrictions mal entendues, supprimant parmi nous l'usage loyal et fécond de l'association en grand, n'y a laissé de place que pour l'abus.

Pour mieux faire comprendre la vérité des observations qui précèdent, qu'on nous permette de nous autoriser de l'exemple d'un pays voisin. C'est en suivant une route bien différente de la mitre que l'Angleterre s'est placée si loin de nous, quant aux progrès de l'association commerciale. Examinons donc son système. On verra que, s'il n'est pas sans défauts, il est du moins exempt de ceux que nous venons de signaler.

Section V

Il est toujours utile de comparer entre elles les législations de deux peuples sur des matières semblables, et ces rapprochements sont particulièrement instructifs quand on compare aux lois de son pays celles d'un pays mieux partagé. Mais il faut, dans les comparaisons de ce genre, ne pas se laisser abuser par des analogies trompeuses. Trop souvent, en étudiant une législation étrangère sous l'influence des préjugés de son pays, on y saisit au hasard quelques dispositions saillantes dont on n vu chez soi les analogues, et rajustant, coordonnant ou développant ces données incomplètes suivant des systèmes préconçus, on en forme un ensemble tout imaginaire, sur lequel on se règle aveuglément. Des comparaisons ainsi faites égarent plutôt qu'elles n'éclairent : loin d'ébranler les principes faux qui se sont introduits dans les lois, elles ne tendent qu'à les raffermir par l'autorité de l'exemple ; quelquefois même elles obscurcissent ou défigurent jusqu'aux notions justes qui avaient prévalu d'abord. Tel a été, selon nous, le résultat des rapprochements faits en divers temps entre les législations de la France et de l'Angleterre sur les sociétés commerciales.

Jugeant le système anglais avec les idées françaises, on se l'est représenté, à l'aide de quelques indications vagues et générales, comme une sorte de contre-partie du nôtre, où seraient reproduites les formes de sociétés que nous connaissons, moins la commandite : d'où l'on a conclu, assez logiquement d'ailleurs, que si l'on supprimait en France la commandite, on ne ferait qu'égaliser les choses entre les deux pays et ramener les deux systèmes à des termes identiques. Et en effet, c'est en se fondant sur une semblable hypothèse qu'en 1838 un ministre français, proposant aux chambres l'abolition complète des commandites par actions, a pu prétendre que l'adoption d'une telle mesure laisserait encore la France mieux partagée qu'aucun autre pays voisin, que l'Angleterre elle-même, puisqu'il lui resterait toutes les formes de sociétés admises dans ce pays, plus la commandite ordinaire, qu'il n'admet pas. Etrange erreur, que le plus simple examen des faits les plus vulgaires, les mieux connus, aurait suffi pour dissiper.

Supprimez en France la commandite par actions, que restera-t-il de l'association en grand ? Rien, qu'un petit nombre de sociétés anonymes dont la propagation est nécessairement bornée, comme on l'a vu, par les conditions rigoureuses de leur formation. Avec la commandite périt tout l'espoir des grandes entreprises, car elle seule parmi nous joint à l'avantage d'une formation libre celui de pouvoir s'étendre sur une large échelle. Au contraire, dans l'état actuel de sa législation, l'Angleterre possède, et tout le monde le sait, outre les sociétés incorporées que l'on peut comparer, si l'on veut, à nos sociétés anonymes, un nombre prodigieux de compagnies par actions, aussi imposantes par le nombre de leurs membres que par l'importance de leurs capitaux, et qui ne relèvent en rien de l'autorité publique. En présence de ces faits, si bien connus, l'hypothèse admise tombe d'elle-même. Un examen plus attentif montrera jusqu'à quel point on s'était abusé.

C'est bien vainement qu'on chercherait dans la législation anglaise quelque chose qui ressemble à notre division des sociétés en trois espèces. Il faut se persuader que c'est là une conception toute française dont l'Angleterre n'a pas d'idée. En général, il n'entre pas dans la pensée du législateur anglais de ramener les transactions particulières à des classifications systématiques, encore moins de les soumettre d'avance à des formules invariablement déterminées. Il n'a pas cette sorte de prévoyance qui fait tracer le cercle où l'industrie particulière devra se mouvoir, qui règle tous ses pas avec mesure et pose irrévocablement la borne où elle s'arrêtera. Quelles que soient ses imperfections, et elle en a beaucoup, la loi anglaise est sage en cela qu'elle laisse quelque chose à faire au génie de l'homme. Elle respecte trop d'ailleurs la liberté naturelle des conventions pour intervenir si directement entre des contractants et leur dicter d'avance les conditions et la formule du contrat. Aussi ne trouverait-on nulle part dans la loi anglaise qu'elle reconnaît telle espèce de société ou telle forme de l'association plutôt que telle autre : elle les reconnaît toutes et n'en prévoit aucune, disposée qu'elle est à accepter toutes les combinaisons qu'il plaira au génie industriel d'enfanter, pourvu qu'elles n'aient rien de contraire à l'ordre et qu'elles ne soient pas en elles-mêmes destructives des droits des tiers.

Il est pourtant vrai que les sociétés anglaises se partagent en deux classes profondément distinctes, les sociétés ordinaires et les sociétés incorporées ; mais cette distinction a un tout autre sens que celui que nous lui attribuons en jugeant par analogie avec le système français. Ce ne sont plus ici des formes particulières de l'association, car la société ordinaire n'a pas de forme invariable ; ce sont des institutions d'un ordre différent. Ce qui établit entre elles une distinction fondamentale, c'est que les unes, les sociétés ordinaires, sont régies par la loi commerciale ou civile et tombent dans le domaine du droit privé, tandis que les autres ne relèvent que de l'autorité souveraine dont elles émanent, et se placent dans la sphère élevée du droit public.

En France, où le sol a été en quelque sorte nivelé par la révolution, où toutes les traces des institutions anciennes sont effacées, il n'y a plus guère qu'une seule loi, un seul droit c'est la loi commune et le droit commun. Le droit public a disparu avec les institutions publiques. Ce mot même de droit public n'aurait plus de sens ni de valeur pour nous, si un droit public nouveau ne s'était formé dans la sphère constitutionnelle. Désormais c'est là seulement qu'on le retrouve. En Angleterre, au contraire, où un grand nombre d'institutions, débris des âges précédents, se sont perpétuées jusqu'à nos jours, on connaît encore un droit public fort complexe, qui n'est pas renfermé dans la sphère constitutionnelle, tuais s'étend à toutes ces institutions de second ordre répandues sur la surface du sol. Il comprend en général tout ce qui a un caractère ou une valeur politique, tout ce qui échappe au droit commun, tout ce qui ne tombe pas sous le coup immédiat de la loi civile, depuis le roi et le parlement jusqu'aux corporations municipales et aux marguilliers des paroisses. C'est à lui que se rapportent même presque tous les privilèges ; car les privilèges ne sont pas toujours, en Angleterre comme en France, de simples exceptions au droit commun, elles y revêtent ordinairement le caractère d'institutions, et se rattachent par là à l'ensemble des faits que le droit public embrasse. C'est dans ce même ordre de faits que rentrent les sociétés incorporées. On comprend dès-lors qu'elles sont moins des sociétés commerciales que des institutions publiques.

Quant aux sociétés ordinaires, elles sont commerciales dans l'acception étroite du mot, c'est-à-dire qu'elles ne jouissent d'aucun privilège, et sont en tout régies par la loi commune. Voilà ce qui les distingue des autres. On les appelle ordinaires par opposition aux sociétés incorporées, qui ont en effet un caractère extraordinaire, exceptionnel ; mais cette dénomination n'a rien de spécial ni de restrictif, comme celles que notre code emploie. Elle ne s'applique pas à une forme particulière et déterminée de l'association ; elle comprend toutes les associations, de quelque forme et de quelque nature qu'elles soient, qui se contractent entre particuliers sous l'empire du droit commun. Laissons à part les sociétés incorporées, dont nous aurions trop à dire. Par leur forme aussi bien que par l'irresponsabilité de leurs membres, elles ressemblent à nos sociétés anonymes ; mais par le principe dont elles dérivent, par les privilèges dont elles jouissent, par l'autorité particulière dont elles sont généralement revêtues, et plus encore par la nature des institutions auxquelles elles se rattachent, elles se rangent évidemment dans une sphère plus haute. C'est à ce titre d'institutions publiques, et non comme sociétés commerciales, qu'elles relèvent du souverain dont elles émanent. Au reste, sans tenir compte de ces établissements d'une nature exceptionnelle, nous allons voir que les sociétés ordinaires constituent à elles seules un système complet.

Rien de plus simple que la loi qui les concerne. Bien différente de la nôtre, qui classe les diverses espèces de sociétés, qui les définit, qui les distingue, en établissant pour chacune d'elles un régime particulier et des formalités sans nombre, la loi anglaise ne distingue pas, et n'a pour l'association en général qu'un régime uniforme, dégagé d'ailleurs de toute complication. Telle est même la simplicité de cette loi, qu'elle échappe pour ainsi dire à l'analyse ; aussi ne peut-on guère la développer et la commenter que par opposition à une autre plus complexe.

A proprement parler, il n'y a point en Angleterre de loi sur les sociétés commerciales. L'association y est considérée comme un contrat libre de sa nature, et dont il n'appartient pas au législateur de déterminer les formes et les conditions. Régime étrange par rapport à nous, qui sommes habitués à ne marcher dans les voies de l'association que sur les pas du législateur, toujours dirigés ou contenus par des dispositions expresses. Et pourtant nous en voyons une image, image un peu affaiblie, mais assez fidèle, dans le régime de nos sociétés en participation, qui jouissent aussi d'une liberté entière, sans qu'il en résulte, à notre connaissance, aucun désordre appréciable.

En Angleterre, une société est formée et constituée aussitôt que les parties contractantes sont d'accord. Leur consentement mutuel, de quelque manière qu'il soit exprimé, suffit. Dès l'instant que deux ou plusieurs hommes se sont entendus ou de vive voix ou par écrit, que les conditions de l'association sont réglées entre eux, les parts convenues et la marche arrêtée, tout est dit, et la société chemine. Libre aux contractants de constater l'association par un acte régulier, afin d'éviter toute surprise ou toute contestation à l'avenir, mais ce n'est pas une obligation que la loi leur impose. Aucune nécessité d'ailleurs d'exposer les noms des associés aux regards du public, ni de proclamer les conditions ou même l'existence du contrat. Si les parties jugent qu'il soit utile à leurs intérêts de s'associer pour ainsi dire à ciel ouvert, et de confondre leurs noms dans une publicité commune, pour s'appuyer sur leurs crédits réunis, c'est leur affaire, et nul doute que, dans un grand nombre de cas, cette publicité ne soit recherchée par les associés eux-mêmes comme un moyen d'accroître la puissance de leur maison ; mais, comme cette publicité est toute volontaire, rien n'empêche d'y renoncer, quand les intérêts ou les positions sont autres. Aussi un grand nombre de sociétés anglaises, formées sans éclat et sans bruit, demeurent-elles ignorées durant tout le cours de leur existence. Établies sans formalités et sans frais, elles se constatent aussi par des procédés fort simples. Toutes les preuves sont admises en justice pour établir leur existence, depuis l'acte dressé par un officier public, jusqu'à la correspondance, les livres et le témoignage verbal. C'est, du reste, une remarque à faire au sujet de la loi anglaise, qu'elle laisse communément aux particuliers, surtout en matière commerciale, la faculté de prouver comme ils l'entendent les vérités qu'il leur importe d'établir. Pourvu qu'un fait soit reconnu, elle ne dispute pas sur la manière, et ne lui demande pas comment il a fait pour se produire ; bien différente en cela de la loi française, qui exige toujours, à moins qu'il ne s'agisse d'affaires d'une importance minime, des actes formels et régulièrement dressés.

Mêmes facilités en ce qui concerne la division du capital des sociétés en actions. En France, cette division est permise pour les sociétés anonymes et en commandite, et par cela même elle est implicitement interdite à la société en nom collectif ; c'est une concession dont la loi limite l'étendue. En Angleterre, cette division est indistinctement permise dans tous les cas. Pour mieux dire, elle n'est pas permise, car la loi n'a rien prévu à cet égard ; elle est considérée comme l'exercice d'une faculté naturelle qui n'a pas besoin d'être écrite, et qui dérive de la seule faculté de s'associer. Dès l'instant, en effet, que plusieurs hommes s'unissent régulièrement pour une affaire commune, il faut bien qu'ils déterminent entre eux la part d'intérêt de chacun et qu'ils établissent entre ces parts une proportion quelconque. Voilà une division du capital. De là à la division en actions, il n'y a qu'un pas, et aucun principe de droit ne marque l'intervalle. Pourquoi, par exemple, au lieu de recevoir les mises inégales, irrégulières, qu'il plairait à chaque associé d'apporter, n'aurait-on pas le droit d'établir *à priori* une division régulière du capital, en le fractionnant d'avance en parties aliquotes, dont chacun serait libre ensuite de prendre le nombre qu'il voudrait ? Ce n'est qu'une autre manière d'arriver au même résultat, mais en établissant mieux la proportion des mises. Toute la différence est que la division en actions est plus commode en qu'elle permet de saisir d'un coup d'œil le rapport des mises entre elles et de chacune d'elles avec le tout. Cette considération n'est pas d'une médiocre importance, surtout quand on s'adresse à tout le monde, et qu'on veut admettre un grand nombre d'associés : ou abrège le travail de l'administration, on simplifie les relations des associés, on régularise le partage des bénéfices, on facilite enfin la transmission des parts ; mais quels que soient les avantages qu'il offre, on ne comprend pas sur quel fondement la loi peut interdire aux sociétés un procédé si naturel.

Au fond, le système des actions n'est rien que l'adoption d'une unité dans la formation d'un capital social considérable. Il y a, dans les associations, des avantages analogues à ceux de l'adoption d'une unité pour les mesures quelconques, du mètre pour les distances, du kilogramme pour les poids, du franc pour les monnaies. Inutile là où il ne se rencontre qu'un petit nombre d'intéressés, il est presque indispensable pour les sociétés vastes. Mais qui ne comprend que dans un fait de ce genre la loi n'a rien à voir ? C'est ce qu'a pensé fort sagement le législateur anglais. Aussi n'a-t-il établi aucune disposition particulière pour les sociétés par actions, ne les considérant que comme une extension naturelle des autres. Que si quelques mesures ont été en divers temps prises à leur égard, ce sont plutôt des règlements d'administration publique que des lois, et elles sont motivées moins par l'adoption du système des actions que par le nombre des sociétaires.

Sans doute il reste à résoudre, relativement aux actions des sociétés, quelques questions d'un autre ordre, par exemple, en ce qui concerne les titres qui les représentent et le mode de transmission de ces titres : la plus importante est celle de savoir si les titres seront nominatifs ou au porteur ; mais cette question ne touche pas au fond du système des actions. Si elle était jamais soulevée, nous croirions pouvoir établir que le meilleur parti à prendre, c'est de laisser aux sociétés commerciales toutes les facilités possibles à cet égard, en s'attachant seulement à réprimer les fraudes s'il en existe.

Autant la loi anglaise est facile quant à la forme, autant elle est rigoureuse dans le fond, au moins pour ce qui concerne les obligations des associés à l'égard des tiers. En cela, comme en tout le reste, il n'y a qu'un seul principe applicable aux sociétés en général : c'est le principe de la responsabilité indéfinie et de la solidarité absolue de tous les membres. Dès l'instant qu'un homme a pris part comme associé aux bénéfices d'une entreprise, il est indéfiniment engagé, sur sa personne et sur ses biens, au paiement de toutes les dettes que l'association a contractées. Que sa participation aux bénéfices ait été, comme son apport, limité par l'acte social, peu importe ; qu'il se soit abstenu de prendre une part active aux opérations de la société, que son nom soit même demeuré inconnu aux tiers : tout cela ne peut l'affranchir de l'obligation rigoureuse que la loi lui impose. Si on lui prouve, ou par des actes, ou seulement par des témoignages verbaux, par la production des livres ou de la correspondance, qu'il a pris une part quelconque aux bénéfices, il suffit : sa personne et ses biens sont indéfiniment engagés.

Ici la loi anglaise nous semble non-seulement rigoureuse, mais injuste. Elle viole, selon nous, un des principes élémentaires du droit, qui veut que nul ne soit tenu au-delà de ses engagements. Quand la loi française a déclaré que, dans le cas de la société en commandite, par exemple, le commanditaire ne serait engagé que jusqu'à concurrence de sa mise convenue, elle n'a pas créé, quoi qu'on en dise, une exception favorable ; elle n'a fait qu'une juste application des principes. Que fait le commanditaire ? Il promet le versement d'une certaine somme dans la société ; mais il ne s'engage, ni moralement, ni matériellement, à rien de plus : à quel titre le fera-t-on contribuer au delà de cet apport ? On peut dire de lui que, sa participation dans les bénéfices étant limitée, sa contribution dans les pertes doit l'être aussi, et ce raisonnement est juste ; mais il y a une raison plus décisive ; c'est qu'il n'a rien promis que son apport, et que les tiers n'ont aucun titre, aucun droit, pour exiger de lui rien au-delà de ses promesses. Encore si, tout en limitant sa mise, il avait apporté son nom dans la société, s'il s'était mêlé activement de la gestion des affaires, s'il avait administré, les tiers pourraient alléguer du moins que c'est sur l'autorité de son nom qu'ils ont traité avec la société, que sa fortune et son crédit ont provoqué leur confiance : on pourrait concevoir alors qu'ils prétendissent exercer leur recours sur lui ; c'est ainsi que dans le système français la responsabilité indéfinie est encourue par le commanditaire qui administre. Mais, quand il s'est tenu en dehors de la gestion, que son crédit n'a pas été mis en jeu, ni son nom prononcé, exiger de lui plus que sa mise, et surtout le charger d'une responsabilité indéfinie, c'est une révoltante iniquité. Rendons justice à la loi française, elle l'emporte ici de beaucoup sur celle des Anglais. En général, tel est le mérite de notre législation, que les principes de l'équité et du droit y sont mieux observés que partout ailleurs. Elle serait la première législation du monde, si les attributs de l'autorité publique y étaient aussi bien limités et définis que les droits des particuliers, si elle était mieux ordonnée pour la pratique des affaires, si enfin l'abus de la forme n'y venait trop souvent étouffer le droit.

Tel est, dans ses parties essentielles, le système de la loi anglaise : on peut le résumer ainsi. L'association est un contrat libre de sa nature ; c'est aux parties intéressées qu'il appartient d'en régler entre elles les conditions ; la loi n'intervenant que dans le cas de fraude et de lésion, ou pour protéger la morale et l'ordre public. Point de forme prévue ni prescrite, point d'entraves, quant à la division du capital ; point de limites quant au nombre des associés. La loi se borne à réserver les droits des tiers elle les établit suivant un principe rigoureux, absolu, souvent injuste ; mais cette rigueur est adoucie dans la pratique, en ce qu'elle n'est accompagnée d'aucune de ces mesures préventives qu'on a jugé nécessaires en France pour en assurer l'effet. C'est aux tiers à faire valoir leurs droits par les moyens ordinaires, la loi ne leur interdisant d'ailleurs l'emploi d'aucune preuve morale ni matérielle. Reste à voir quels sont les résultats de ce système dans l'application.

On croit assez généralement en France que la condition de la solidarité ou de la responsabilité indéfinie de tous les membres ne permet que la formation d'une seule espèce de société, celle que le code appelle société en nom collectif, et qu'elle est particulièrement exclusive de la forme commanditaire. C'est un préjugé du sol, dont le plus simple raisonnement fera justice, et que l'exemple de l'Angleterre doit achever de dissiper.

La condition de la responsabilité indéfinie imposée à tous les membres d'une société n'a d'effet qu'à l'égard des tiers, et ne peut être invoquée que par eux. Encore les tiers même ne peuvent-ils s'en prévaloir que dans un seul cas, celui d'une dissolution de la société par suite d'insolvabilité et de ruine : jusque-là, c'est la société elle-même qui répond de ses engagements à la décharge de ses membres. Cette condition éventuelle ne saurait donc empêcher les associés de faire entre eux telle condition qu'il leur plaît : de limiter la mise de chacun, ainsi que sa participation aux bénéfices ; d'exclure le plus grand nombre de toute intervention directe dans la gestion des affaires communes, en confiant à un, deux, trois, d'entre eux, la direction exclusive et le dépôt de la signature sociale ; d'abandonner même cette gestion à des mandataires élus par la masse, associés ou non associés ; en un mot, de donner à l'association telle forme extérieure qu'il leur convient de choisir. Que le principe de la solidarité soit un jour invoqué par les tiers, si la société vient par malheur à faillir, à la bonne heure ; mais, en attendant, elle peut toujours se constituer de la manière qui s'accorde le mieux avec les vues ou les intérêts de tous.

Ajoutons à cela que l'accident d'une faillite peut être jusqu'à un certain point conjuré par les conventions des parties. Il suffit, pour cela, de stipuler que la société se dissoudra et se liquidera avant que son passif absorbe son actif. Ce n'est pas que cette précaution soit toujours infaillible ; mais il est incontestable qu'avec un peu d'attention on peut en assurer l'effet dans le plus grand nombre des cas. A l'aide d'une semblable clause fort en usage en Angleterre, le principe de la solidarité est en quelque sorte neutralisé, la responsabilité des associés est mise à couvert, et dès-lors on ne voit plus à quelle forme une telle association ne pourrait prétendre, ni quelle sorte de combinaison lui serait interdite.

Rien de plus facile d'abord que de former sous l'empire de cette loi une société commanditaire. Ainsi, un homme placé à la tête d'une entreprise commerciale, qu'il veut étendre par l'accession de capitaux étrangers, s'adresse à des capitalistes ou bien à d'autres commerçants, et les engage à prendre un intérêt dans son exploitation. S'il leur proposait d'entrer avec lui dans une intime communauté

Charles Coquelin

d'affaires, de lui prêter leur crédit et leur nom, de concourir activement à la direction de l'entreprise, ce serait une société en nom collectif qu'il fonderait ; mais non : tout ce qu'il leur demande, c'est de mettre à sa disposition un capital déterminé, en retour de quoi il les fera jouir d'une part proportionnelle des bénéfices. Lui seul demeurera chargé de la gestion, lui seul sera connu des créanciers et du public les autres ne seront, dans l'acception commerciale du mot, que les bailleurs de fonds. Peut-on voir autre chose en cela qu'une véritable commandite ? N'est-ce pas la même manière de procéder ? Les positions ne sont-elles pas semblables, sauf la condition de la solidarité, qui n'a pas d'effet quant à présent ? De telles associations sont fort communes en Angleterre ; car, si la responsabilité éventuelle qui menace les bailleurs de fonds est à certains égards un obstacle, à d'autres égards la facilité des contrats, facilité qui s'accorde si bien avec les habitudes du commerce, est un puissant encouragement à les former. Les simples bailleurs de fonds s'appellent en Angleterre *associés dormants (sleeping partners)*, terme pour le moins aussi expressif que celui de commanditaire, et qui a l'avantage d'être clair pour tout le monde, tandis que celui-ci n'a d'autre sens dans notre langue que celui que la loi lui prête.

Pour fonder une société anonyme, le procédé est aussi simple. Un certain nombre de négociants ou de capitalistes se rapprochent, se concertent et s'entendent, pour concourir à l'exécution d'une entreprise. Ils contribuent, chacun selon ses convenances ou ses moyens, à créer un capital social. Puis ce capital constitué, et c'est là ce qui caractérise vraiment la société anonyme, on en confie l'administration à des mandataires élus, et la société, au lieu de porter le nom de ses gérants, est désignée par l'objet de l'entreprise. Il arrive presque toujours en Angleterre que les gérants ou directeurs de ces sociétés, ainsi que la plupart des fonctionnaires, sont choisis parmi les actionnaires, et même parmi les plus forts intéressés ; mais cette préférence n'a rien d'obligatoire : elle est inspirée à la masse par le désir bien naturel de se donner une garantie de plus d'une bonne gestion. En général, les mandataires élus sont révocables, quoiqu'il arrive souvent aussi que, la société une fois constituée, la masse perde son droit d'élection, que tout le pouvoir se concentre dans le corps des fonctionnaires, et que ce corps se renouvelle lui-même. Mais ici encore, ce n'est pas la loi qui limite les

48

pouvoirs de la masse, c'est l'acte social, lequel tient lieu de loi pour tous les contractants. Que manque-t-il à des sociétés ainsi faites pour se placer au même rang que nos sociétés anonymes ? Elles sont connues en Angleterre sous le nom de *joint stock companies*, qui peut se traduire par celui de sociétés à *fonds réunis*, et ce nom même en dit assez. Il conviendrait fort bien à nos sociétés anonymes, qui ne sont vraiment que des associations de capitaux ; il conviendrait même aux sociétés incorporées de l'Angleterre, si ces dernières ne devaient tirer leur nom du caractère semi-politique que la loi leur attribue. C'est que les sociétés anonymes, les sociétés incorporées, et les *joint stock companies*, avec quelques privilèges de plus ou de moins, ne sont en effet qu'une même forme de l'association, tant il est vrai que la condition de la solidarité n'altère pas nécessairement la nature des combinaisons sociales.

On voit donc que, sous l'empire de sa législation actuelle, l'Angleterre pratique, avec une facilité inconnue parmi nous, toutes les formes possibles de l'association. Sans compter les sociétés incorporées, plus nombreuses et généralement plus puissantes que nos sociétés anonymes,[1] elle trouve dans l'ordre de ses sociétés ordinaires, tous les éléments que nous possédons, avec la liberté de plus. Les trois espèces de sociétés reconnues par la loi française y sont également en usage, et s'y établissent sans aucune intervention de l'autorité publique. Ajoutons que, créées sans formalités et sans frais, elles y sont toujours d'un enfantement facile. Faut-il s'étonner après cela de voir le principe de l'association porté dans ce pays à un degré de développement que nous sommes si loin d'atteindre ?

---

1 Le nombre des sociétés incorporées, instituées dans la seule vue des travaux d'utilité publique, était, au commencement de 1836, de 83 pour la navigation des fleuves, de 121 pour les canaux et de 80 pour les chemins de fer, ce qui constitue un nombre total déjà supérieur a celui des sociétés anonymes qui existaient en France dans le même temps. Que sera-ce si l'on y ajoute tant d'autres compagnies instituées pour des objets spéciaux, comme la banque de Londres, la compagnie des Indes orientales, celle de la mer du Sud, la société pour la manufacture des glaces, la fameuse *Trinity house corporation*, qui a pour objet le perfectionnement de la navigation maritime, les compagnies des docks, les sociétés d'assurance, etc. ? Quant aux compagnies de banque, elles sont toutes, excepté celle de Londres et trois en Ecosse, instituées librement en *joint stock companies*.

Charles Coquelin

Section VI

Revenons maintenant à cette obligation d'une autorisation préalable que la loi française impose aux sociétés anonymes. Nous avons vu quelles sont les funestes conséquences de cette réserve : il nous reste à en apprécier les motifs. Quand on raisonne aujourd'hui sur l'esprit et le but de cette disposition on suppose généralement qu'elle a été dictée par cette considération, que la société anonyme n'offre pas aux tiers la garantie d'une responsabilité personnelle. Il ne paraît pas cependant, à lire les discussions qui ont précédé l'adoption du code, que cette considération soit entrée pour rien dans a pensée du législateur.

Les vrais motifs qui l'ont déterminé sont, en premier lieu, que cette forme d'association était nouvelle ; en second lieu, que la fraude pouvait se glisser dans l'émission des actions, et enfin qu'il ne fallait pas traiter les sociétés anonymes en général mieux qu'on n'avait traité les banques.

Ce n'est pas la première fois que la nouveauté d'une institution, commerciale ou autre, a servi d'argument contre elle. Quand une institution date d'une époque fort reculée, et qu'elle a pour elle la sanction du temps, quelle qu'elle soit, le législateur la protège ou la tolère : il suffit qu'il la trouve établie et consacrée par une possession immémoriale, pour qu'il se montre à son égard protecteur et bienveillant. A défaut de mérites et d'avantages réels, il respecte en elle ces vieux titres et ces droits acquis. Au contraire, les institutions plus modernes, et surtout celles qui viennent de naître, lui paraissent suspectes par leur nouveauté même. Il se met en défiance contre elles, s'exagérant leurs inconvénients, ne se donnant guère la peine d'apprécier leurs avantages, et, s'il ne les proscrit pas tout d'abord, et les étouffe du moins sous le poids des garanties qu'il leur impose. Tel a été le sort de ces admirables institutions de banques, merveilles commerciales des temps modernes ; tel est encore celui des sociétés anonymes. Combien d'autres innovations qui partagent le même sort, soit dans l'ordre matériel, soit dans l'ordre moral ! C'est qu'en effet il est dans la nature des pouvoirs politiques de résister aux progrès que le cours des temps amène : un peu plus, un peu moins, selon que la société qui les entoure agit plus ou moins fortement sur eux, ils se montrent imbus de l'esprit stationnaire ou rétrograde, toujours moins prompts à seconder les espérances de l'avenir qu'à s'attacher aux ombres du passé. Aussi tout ce qu'on peut attendre d'un gouvernement, c'est qu'après avoir assuré l'ordre et la justice, après avoir protégé les droits et garanti la sécurité de tous, service immense et le seul peut-être qu'un gouvernement soit appelé à rendre, il observe le mouvement de la société en le réglant ; qu'il accepte les progrès à mesure qu'ils s'accomplissent, et qu'il s'efforce d'y conformer les lois.

C'est cette antipathie naturelle du pouvoir pour l'innovation et le progrès qui est la principale cause de la rigueur dont il s'est armé contre les sociétés anonymes. La nouveauté de l'institution, tel a été son tort principal, pour ne pas dire unique. Nous allons voir, en effet, que les raisons que l'on invoquait autrefois, et celles que l'on allègue encore aujourd'hui, pour justifier leur asservissement, ne soutiennent pas l'examen.

La société anonyme, disaient les auteurs du code, pouvait donner lieu à beaucoup de fraudes dans l'émission des actions, c'est-à-dire apparemment qu'on aurait pu, dans certains cas, émettre sous ce titre d'actions des valeurs mal assurées ou qui n'auraient pas eu une origine sérieuse. Rien de plus juste. Mais quel est donc l'établissement commercial sur lequel il n'y ait pas les mêmes craintes à concevoir ? Quel est celui dans lequel on ne trouvera pas les mêmes facilités pour émettre des valeurs suspectes, soit actions, soit toutes autres ? En y regardant de près, on verra même que l'abus est bien plus facile à prévenir ou à réprimer dans une société vaste, dont les actes sont plus aisément connus, que dans les établissements particuliers, qui échappent par leur exiguïté aux regards du public, et dont les opérations, toujours enveloppées de ténèbres, se dérobent même à l'action de la loi. Les billets, par exemple, que des commerçants émettent, soit contre des marchandises, soit contre de l'argent, ne peuvent-ils pas être aussi des valeurs suspectes ? Est-ce à dire qu'il faille interdire aux particuliers l'usage du crédit ?

Mais, dira-t-on, les commerçants particuliers sont responsables sur leurs personnes de la valeur des effets qu'ils émettent, et les directeurs comme les actionnaires des sociétés anonymes échappent à toute responsabilité. C'est une erreur, car, si les directeurs ne sont las responsables des dettes loyalement contractées au nom de la société, ils le sont très sérieusement de la sincérité de leurs actes dans l'émission des actions. A cet égard, la responsabilité est tout au moins égale des deux côtés, et, à le bien prendre, elle est même plus grande du côté de la société anonyme. Il est vrai que l'émission des actions une fois faite selon les règles, des manœuvres peuvent être employées pour leur donner sur la place une valeur factice ; l'agiotage peut s'en mêler, et c'est là un abus fort difficile à atteindre. Quelle est donc la marchandise qui ne puisse donner lieu à cet abus aussi bien que les actions des sociétés anonymes ? L'agiotage est une lèpre qui s'attache à toutes les valeurs commerciales, mais principalement à celles qui viennent de naître, et dont le cours n'est pas encore bien établi ; voilà pourquoi il s'empare ordinairement des actions des sociétés au moment de leur émission. Mais ce n'est pas là un mal particulier à ces sortes de valeurs ; c'est un mal général, et, si l'on veut étouffer ou proscrire tout ce qui peut y donner sujet, on proscrira bien des choses, à commencer par les titres de rentes sur l'état. Au surplus, l'autorisation préalable est un fort singulier remède contre un semblable mal, et l'on ne voit guère en quel sens elle pourrait contribuer à le guérir.

Si les motifs qui ont séduit les auteurs du code sont peu sérieux, ceux qu'on allègue aujourd'hui dans le même sens n'ont pas une valeur plus grande.

C'est, dit-on, l'intérêt des tiers qu'il faut envisager. La société anonyme n'offrant pas à ceux qui traitent avec elle la garantie d'une responsabilité personnelle, il est convenable et juste que la loi leur procure une garantie d'une autre sorte, en astreignant cette société à l'obligation d'une autorisation préalable. Il n'y a pas autre chose dans tout cela qu'une confusion d'idées et un abus de mots.

Remarquons d'abord que l'absence de responsabilité personnelle, qui est un des caractères de la société anonyme, n'est pas, quoi qu'en aient dit quelques écrivains, une faveur de la loi, mais une conséquence fort naturelle de l'organisation de cette société, et une juste application des vrais principes. La société anonyme est un être composé, qui ne se personnifie en aucun homme, et qui est représenté vis-à-vis des tiers par des mandataires élus. Que ces mandataires soient exempts de toute responsabilité personnelle à l'égard des tiers, en ce sens du moins qu'on ne puisse les contraindre à payer avec leurs propres deniers les dettes contractées de bonne foi pour le compte de la société, ce n'est là qu'une simple application des principes élémentaires du droit civil, en ce qui concerne le mandat. Quant aux porteurs d'actions, à quel titre seraient-ils responsables ? Ils ont promis de payer le montant de leurs actions ; rien de plus : s'ils l'ont fait, leurs engagemens sont remplis ; de quel droit leur demanderait-on davantage ? Les créanciers sont-ils fondés à se plaindre de ce que la personne des associés leur échappe ? Mais ils n'ont pas traité avec eux, ni en considération de leurs personnes. Ils ont traité avec cet être collectif qu'on appelle la société ; c'est donc contre lui seul qu'ils ont des droits à exercer, et, pourvu que la loi leur donne action contre lui, ils n'ont rien de plus à prétendre. Dans ce cas donc, l'irresponsabilité des sociétaires dérive de la nature des choses ; elle n'est qu'une juste application du droit, et on serait mal venu à s'en autoriser pour justifier les réserves de la loi. Voyons pourtant si la mise en pratique de cette règle de droit est sujette aux inconvénients que l'on redoute.

La société anonyme n'offre aux tiers qui traitent avec elle qu'une garantie de capitaux ; rien de plus vrai. Mais quoi ! est-il dans le commerce une seule maison, soit particulière, soit sociale, qui offre à ses créanciers autre chose qu'une garantie de capitaux ? On insiste et l'on dit : les membres de la société en nom collectif sont personnellement et solidairement responsables, les gérants des sociétés en commandite le sont aussi, et la même responsabilité pèse sur tout commerçant qui agit dans son intérêt privé ; la société anonyme seule échappe à cette règle générale. Voilà le grand argument ; mais on s'abuse étrangement sur la valeur aussi bien que sur le sens de cette responsabilité, et on ne s'aperçoit pas que l'on se paie ici d'un vain mot. Qu'est-ce que le créancier demande à son débiteur ? rien que le paiement de ce qui lui est dû, c'est-à-dire qu'il en veut au capital de ce débiteur et nullement à sa personne. Quand il traite avec lui, s'il considère à certains égards son crédit, sa capacité, sa moralité et toutes ses autres qualités personnelles, c'est seulement en tant que ces qualités représentent à ses yeux des facultés réelles, et au fond c'est toujours le capital seul qu'il a en vue. Quant à la personne, il n'a rien à y prétendre. Que si la loi lui accorde, eu cas de non paiement, le droit d'exercer des poursuites contre la personne, ce n'est pas assurément qu'elle veuille lui attribuer, comme compensation de la perte de son capital, un droit de propriété sur cette personne, et qu'elle lui permette de se payer en nature à défaut d'argent. Non, la loi n'a pas même voulu réserver au créancier le triste plaisir de retenir en prison un débiteur insolvable. A quoi tend donc l'action personnelle qu'elle lui accorde ? Elle n'a pas d'autre objet que de lui faire atteindre le capital lorsqu'il se dissimule ou qu'il se cache. C'est afin de forcer un débiteur récalcitrant ou de mauvaise foi dans ses derniers retranchements, de l'empêcher de soustraire une partie de sa fortune à ses créanciers, de le contraindre enfin à faire usage de toutes ses ressources pour acquitter ses dettes, que la loi a créé l'action personnelle, qui va jusqu'à la contrainte par corps. Voilà tout, et cette responsabilité que l'on fait sonner si haut ne comporte rien de plus. Eh bien ! à ce compte, la responsabilité personnelle se retrouve dans la société anonyme comme partout ailleurs, et elle y est même plus grave ; car, si le commerçant, par exemple, est passible de la contrainte par corps lorsqu'il dérobe une partie de son avoir à ses créanciers, des peines bien plus fortes atteindraient le directeur d'une société anonyme qui aurait soustrait aux créanciers une partie du capital social. Le premier ne serait considéré peut-être que comme un débiteur récalcitrant pour lequel on trouve encore, après tout, quelque indulgence ; le second serait traité avec raison comme un voleur ou un escroc.

Laissons de côté toute prévention, sachons nous soustraire à la puissance des mots, examinons les choses d'un esprit dégagé et comparons exactement les situations diverses ; voici ce que nous trouverons tout établissement commercial, de quelque manière qu'il soit constitué, par quelques mains qu'il soit conduit, ne représente jamais au regard des tiers qu'un certain capital. A cet égard, entre les établissements formés par des sociétés anonymes et tous les autres, l'analogie est parfaite. Cependant ce capital peut être, selon les cas, placé dans des conditions fort différentes au regard des tiers : il est plus ou moins connu d'eux par avance, plus ou moins facile à atteindre et à saisir. Eh bien ! à considérer les choses sans prévention, ces différences sont toutes à l'avantage de la société anonyme.

S'il s'agit d'un simple commerçant, et que le capital qu'il gère ne soit autre chose que sa fortune privée, il ne sera donné à personne d'en connaître tous les éléments ni d'en mesurer f étendue, car un simple commerçant n'est jamais obligé, si ce n'est dans le cas de faillite, de rendre compte de l'état de sa fortune ; tout ce que la loi exige de lui, c'est qu'il tienne note de ses opérations journalières. Du reste, comme il gère lui-même son capital, il demeure toujours maître d'en dissimuler l'étendue, sans qu'il se trouve personne en mesure de le trahir. Au contraire, le capital des sociétés anonymes est annoncé d'avance au public, et le montant relevé sur les registres. Il n'arrive pas toujours, il est vrai, que le capital nominal soit entièrement réalisé ; mais alors même le nombre des actions émises est connu, enregistré, et d'ordinaire publié. S'il arrivait que les directeurs voulussent le cacher au public, il faudrait toujours qu'ils en tinssent note, et leur secret s'échapperait par toutes les voies. Ainsi, les tiers qui traitent avec un commerçant particulier ne savent presque jamais que par des appréciations vagues et fort incertaines à quelle somme de capital ils ont affaire ; au contraire, s'ils s'adressent à une société anonyme, pourvu qu'ils se donnent la peine de s'informer, ils traiteront presque à coup sûr. Rien de plus facile, en outre, pour un particulier, que de dissimuler l'étendue de ses dettes. Nul ne les connaît bien que lui seul ; ses commis même les ignorent, car les emprunts qu'il est en position de faire ne rentrent pas tous dans la classe des opérations dont il est obligé de tenir note sur son journal. C'est un secret que lui seul possède, qui ne transpire que rarement et toujours lentement dans le public, qu'il ne partage pas même avec ses créanciers, la plupart étrangers les uns aux autres, et qui ne se dévoile enfin que lorsque le moment de la catastrophe est arrivé. Au contraire, une Société anonyme ne peut guère ni devoir ni emprunter sans que tout le monde le sache, les directeurs, les commis, les actionnaires et le public. Ses opérations financières participent, à certains égards, de la nature de celles des gouvernements ; la lumière du jour les pénètre de toutes parts.

Ainsi, capital et dettes, actif et passif, tout est fixé, constaté, connu, dans le cas de la société anonyme ; tout est incertain, obscur, ignoré dans le cas d'un établissement particulier. Lequel des deux se présente aux tiers avec des conditions plus favorables et des garanties plus sûres ?

A la faveur de cette obscurité qui plane sur sa situation et qu'il a soin d'entretenir, le commerçant privé sera parvenu, tant que son établissement marchait, à se faire attribuer un état de fortune bien supérieur à la réalité, et à conquérir un crédit mal justifié par ses moyens. Si ses affaires tournent mal, tout le monde l'ignorant jusqu'à la catastrophe, il aura pu, avant de succomber, user tous les ressorts de son crédit, et porter l'état de ses dettes beaucoup plus haut que sa fortune réelle. Au jour de son désastre, que trouvera-t-on ? Un passif bien plus fort qu'on ne le supposait, et un actif bien moindre ! Ce n'est pas tout : cette même obscurité qui l'aura si bien servi précédemment quand il voulait agrandir outre mesure sa position et son crédit, lui fournira maintenant les moyens de dissimuler une partie de sa fortune aux poursuites de ses créanciers. Elle s'était enflée, cette fortune, tant qu'il s'agissait d'inspirer la confiance ; elle se dérobera maintenant, elle s'effacera, elle se fera petite, sans que ni les précautions légales, ni l'active vigilance des créanciers puissent l'atteindre dans les sombres détours où elle se cache, et les tiers seront doublement trompés. Que l'on examine si les pratiques de ce genre sont aussi faciles dans le cas de la société anonyme. Elles sont encore possibles, qui en doute ? et comment pourrait-on espérer ou prétendre qu'il en fût autrement ? mais on conviendra que, par la nature même de la société, par son organisation, par la publicité nécessaire qui environne ses actes, l'abus est de toutes parts circonscrit.

A tous égards donc, la société anonyme offre aux tiers qui traitent avec elle des garanties incomparablement plus fortes que nulle maison particulière ou nulle autre espèce de société. Une seule chose peut être objectée contre elle avec raison, c'est que, le sort de ceux qui la dirigent n'étant pas nécessairement lié au succès de ses opérations, ils ont moins d'intérêt à user de circonspection et de prudence pour éviter les chutes. C'est là un vice inhérent à la constitution même de ces sociétés, et que nous avons déjà pris soin de signaler en calculant les avantages de l'association en général. Toutefois cette considération regarde moins les créanciers que les actionnaires. C'est à ces derniers qu'il appartient de la faire entrer en balance avec les chances favorables que l'association peut leur offrir. Que si les directeurs ou gérans ont moins d'intérêt à éviter les désastres, parce qu'ils n'y sont pas directement compromis, ils ont moins d'intérêt aussi à pousser les choses à l'extrême quand l'établissement menace ruine, à le soutenir jusqu'au bout par des expédients désastreux, et, dans Je cas de faillite consommée, à diminuer, par des pratiques frauduleuses, la part des créanciers.

Tout ce que nous venons de dire, en nous fondant sur le seul raisonnement, est d'ailleurs largement confirmé par l'expérience. Les faillites des grandes sociétés ont été rarement fatales aux tiers qui avaient traité avec elles. Au reste, cette observation ne s'applique pas seulement aux sociétés anonymes, mais en général à toutes les sociétés par actions, et même à ces commandites bâtardes, si mal conçues, si mal réglées, dont nous parlions tout à l'heure. C'est que, par la nature même des choses, une société, surtout quand elle est constituée en grand, offre aux tiers plus de garanties que les maisons particulières, quoique assurément la société anonyme l'emporte à cet égard sur toutes les autres. Ainsi, dans cette longue série de désastres, dont nous avons eu naguère le triste spectacle, nous avons vu bien des sociétés ruiner leurs actionnaires et leurs gérants ; nous en avons vu très peu ruiner leurs créanciers.

Répétons donc hautement que les sociétés anonymes n'ont été jugées que sous l'influence d'un préjugé funeste. La nouveauté de l'institution, voilà son crime. C'est là ce qui a tourné vers elle les regards inquiets du législateur, et qui a fait découvrir dans sa constitution des taches qui n'y sont pas. Rendez-la vieille, s'il se peut ; faites surtout qu'elle soit trop vieille pour le siècle, si tant est qu'elle puisse jamais l'être, et toutes les susceptibilités qu'elle éveille se calmeront, tous les préjugés que l'on suscite contre elle se dissiperont, et ceux même qui la tiennent aujourd'hui dans un état de suspicion légale ne sauront plus qu'exalter les garanties qu'elle offre et vanter ses bienfaits.

En comparant dans leurs termes généraux les deux systèmes, anglais et français, on trouve à chacun d'eux ses défauts et ses mérites. Celui-ci est à coup sûr plus conforme aux principes de l'équité ; mais celui-là est plus libéral, plus facile et mieux ordonné pour la pratique. Impossible de déterminer plus judicieusement que ne l'a fait la loi française les droits et les obligations des associés, d'après la place qu'ils occupent dans la société, ou le rôle qu'ils sont appelés à y remplir. La loi anglaise semble, au contraire, à cet égard, aussi brutale qu'injuste ; elle confond toutes les positions, tous les rôles ; elle impose les mêmes devoirs à des hommes qui ne jouissent pas des mêmes droits ; elle crée pour ainsi dire des obligations là où le fait des parties elles- mêmes ne les a pas engendrées ; elle autorise enfin, à l'expiration de toute société qui tombe, des recherches scandaleuses qu'aucun principe d'équité ne justifie, car c'est un fait commun en Angleterre de voir, lorsqu'une maison de commerce vient à faillir, les créanciers, comme une meute agile, se mettre à la piste des *associés dormants*, s'attaquer à des hommes dont ils n'ont pas suivi la foi, puisqu'ils ne les ont jamais connus, se prévaloir de relations sociales dont ils ne soupçonnaient pas même l'existence : poursuites aussi immorales dans la forme que mal fondées en équité et en droit. Mais en revanche la loi anglaise laisse aux sociétés toute la liberté, toutes les facilités possibles dans leurs débuts et dans leur marche, tandis que la loi française les enchaîne par des formalités sans nombre, ou les étouffe sous le poids des restrictions. Avec ces défauts et ces mérites, lequel des deux systèmes est le meilleur ? A ne juger que par les résultats, la question n'est pas douteuse. Malgré les abus trop réels que nous venons de signaler, l'association prospère en Angleterre, et son développement y est aussi régulier que large ; elle végète en France, et les rares efforts qu'on lui voit faire pour sortir de cet état de langueur sont toujours signalés par des désordres. C'est que la violation de quelques principes de droit est peut-être, dans ses conséquences, un tort moins grave que l'abus des précautions légales. Il semble que la loi française ait été faite par des jurisconsultes, gens fort judicieux, fort sages, rigoureux observateurs des principes du droit, mais très enclins à abuser de la forme, dont ils sont trop accoutumés à porter le joug, tandis que la loi anglaise serait sortie des mains d'hommes d'état ou d'hommes d'affaires moins scrupuleux quant à l'application des principes du droit, mais plus curieux des résultats pratiques.

Il est facile après tout de concevoir une loi qui réunisse les mérites des deux systèmes, et qui soit exempte de leurs défauts : les principes en peuvent être aisément déduits de tout ce qui précède. Ils étaient même établis depuis longtemps dans la *rote de Gènes*, où il est facile de les reprendre.

Quand une société se constitue sous le nom d'un ou de plusieurs de ses membres, ceux-là seuls qui se nomment doivent répondre vis-à-vis des tiers, parce que seuls ils sont engagés vis-à-vis d'eux. Le reste est une affaire de ménage, qui ne regarde pas les tiers.

Mais quels sont ceux des associés qui doivent se nommer ? C'est encore, quoi qu'on en dise, l'affaire des associés, et nullement celle du public. C'est aux associés de savoir si le crédit d'un seul d'entre eux suffit, avec les capitaux des autres, pour l'objet qu'ils se proposent, ou s'ils ont besoin de s'appuyer sur leurs crédits réunis. Dans ce dernier cas, on peut s'en fier à eux du soin de se mettre tous en évidence. Dans le premier, c'est au seul associé qui se nomme que les tiers doivent s'adresser, sauf pour celui-ci à faire intervenir au besoin ses co-associés afin de dégager sa responsabilité personnelle.

Que si personne ne se nomme, les tiers savent bien alors qu'ils n'ont affaire qu'à un capital abstrait, et tout ce que la loi peut raisonnablement exiger en pareil cas, c'est que le montant du capital soit exactement déclaré et fidèlement représenté au besoin.

Tels sont les principes simples, mais éternellement justes, auxquels il faudra tôt ou tard revenir.

ISBN : 978-1973933311

Charles Coquelin